HISTOIRE DES IDÉOLOGIES
AU QUÉBEC AUX XIXᵉ ET XXᵉ SIÈCLES

Du même auteur

Progrès, harmonie, liberté. Le libéralisme des milieux d'affaires francophones à Montréal au tournant du siècle, Boréal, 1988.

Fernande Roy

Histoire des idéologies au Québec aux XIXe et XXe siècles

Boréal

Les Éditions du Boréal sont inscrites au Programme de subvention globale du Conseil des Arts du Canada.

Maquette de couverture: Gianni Caccia
Illustration de la couverture: Marc Kokinski

© Les Éditions du Boréal
Dépôt légal: 4ᵉ trimestre 1993
Bibliothèque nationale du Québec

Diffusion au Canada: Dimedia
Distribution en Europe: les Éditions du Seuil

Données de catalogage avant publication (Canada)

Fernande Roy

Histoire des idéologies au Québec aux XIXᵉ et XXᵉ siècles

(Collection Boréal Express : 8)

Comprend des réf. bibliogr.

ISBN 2-89052-588-0

1. Idées politiques - Québec (Province) - Histoire.
2. Québec (Province) - Histoire - 19ᵉ siècle. 3. Québec
(Province) - Histoire - 20ᵉ siècle. 4. Québec (Province) -
Histoire - Autonomie et mouvements indépendantistes.
I. Titre.

FC2920.I3R69 1993   320.5'09714   C93-097416-6
F1053.2.R69 1993

Table

Introduction

Terme galvaudé s'il en est, «idéologie» appelle nécessairement une définition, ne serait-ce que pour que soit circonscrit le contenu du présent ouvrage.

Les idéologies sont une composante normale de la vie en société. Elles représentent un moyen — limité mais incontournable — de fixer ou de modifier les règles du jeu social. Elles forment des ensembles coordonnés de valeurs, d'idées, de symboles qui légitiment une situation donnée ou qui présentent un nouveau projet de société. Elles expriment les objectifs et le sens du développement social tout en distribuant les rôles. Facteurs d'intégration et de rassemblement, les idéologies mobilisent en vue de l'action.

Bien sûr, étudier les idéologies implique de les mettre en relation avec les groupes sociaux qui les formulent, qui y expriment leurs intérêts particuliers, tout en prétendant poursuivre le bien général. On comprend alors que l'idéologie soit forcément de nature polémique: il s'agit d'argumenter et de convaincre, dans le but de s'assurer la mainmise sur le présent et sur l'avenir. L'enjeu, toujours disputé, c'est le pouvoir. Luttant pour ou contre un pouvoir établi, les idéologies entrent en compétition, parfois globalement, parfois partiellement. Étudier les idéologies au

Québec, c'est donc se pencher sur les débats et les conflits sociaux, sur les oppositions et les alliances, multiples et changeantes. Ces débats peuvent mettre aux prises des classes ou des groupes sociaux dont les intérêts s'opposent, mais aussi des groupes ethniques, voire des nations concurrentes.

La place des acteurs sur la scène socioéconomique délimite en grande partie leur capacité à formuler un projet idéologique et explique bien souvent le contenu et la cohérence d'un tel projet. Ainsi, retracer l'évolution des idéologies au Québec nous fera suivre essentiellement l'histoire des groupes dominants et celle des groupes sociaux en mesure de contester le pouvoir établi et de proposer de nouvelles règles du jeu.

À partir des dernières décennies du XVIIIe siècle, le Québec vit, à sa manière, le grand débat idéologique des sociétés occidentales de l'époque, c'est-à-dire l'affrontement entre le projet d'une société libérale et démocratique et la volonté de préserver une société d'Ancien Régime marquée par la hiérarchie et les privilèges. Comparé à ce conservatisme des siècles passés, le libéralisme, dans ses différentes variations, prendra une allure émancipatrice jusqu'à ce que, à son tour bien implanté durant la seconde moitié du XIXe siècle, il devienne une idéologie conservatrice, soucieuse de protéger la société bourgeoise. Tout au long du XXe siècle, le libéralisme, transformé peu à peu sous la pression d'idéologies plus égalitaires, s'installera de plus en plus solidement, en s'adaptant à de nouvelles conjonctures politiques et socio-économiques.

À ce schéma simplifié, il faut joindre l'ingrédient du nationalisme dont différentes variétés ont fleuri au Québec, selon les contextes historiques. Il faut en outre tenir compte de l'antinationalisme qui, bien souvent, se révèle comme étant un autre nationalisme.

Le nationalisme s'alimente d'abord à la situation qui est celle de la nation. Une nation opprimée est toujours potentiellement nationaliste, et une nation — au sens sociologique — minoritaire au sein d'une autre nation le sera également. Les membres d'un groupe national se mobilisent autour de la reconnaissance et de la défense de leur nation en fonction de leur perception d'un statut insuffisant ou inadéquat. Cette mobilisation fluctue à travers le temps et varie en intensité. Si la nation est rarement une priorité absolue, le sentiment d'appartenance nationale est, par contre, très répandu et, au Québec à tout le moins, largement entretenu.

Il ne faut pas perdre de vue que le discours nationaliste est utilisé, nourri, récupéré par des groupes sociaux qui y greffent leurs projets de société particuliers. Ces projets défendant les intérêts propres des groupes sociaux qui les mettent de l'avant, le nationalisme sert à les faire entériner par toute la nation.

Le nationalisme est ainsi une valeur polymorphe qui épouse des idéologies diverses. Tellement présent qu'il en a masqué le reste, le nationalisme rend plus complexe l'histoire des idéologies québécoises et explique d'étranges alliances. Néanmoins, pour comprendre l'orientation qu'un groupe dominant veut donner à une société, c'est l'idéologie globale proposée — à laquelle se combine un discours nationaliste — qui apparaît fondamentale.

Cette courte synthèse des idéologies québécoises est forcément sommaire et en outre limitée par l'état inégal des connaissances actuelles. Par exemple, les discours idéologiques des anglophones ont été beaucoup moins étudiés; on connaît bien davantage le volet politique des idéologies que leur volet économique; certains groupes sociaux ou certaines périodes de l'histoire ont été négligés. Les travaux, enfin, ont été menés dans des perspectives diverses, voire hétéroclites.

Ainsi, à partir de matériaux riches mais épars, d'études approfondies mais parfois fragmentaires, reconstituer les idéologies globales et leur évolution durant deux siècles, c'est en quelque sorte fabriquer un essai.

CHAPITRE I

Les débats idéologiques
jusqu'à la rébellion

De la Conquête aux rébellions de 1837-1838, le Québec connaît des transformations profondes: une nouvelle métropole et donc de nouveaux maîtres; la venue d'immigrants qui modifie la composition sociale et ethnique de la population; une évolution graduelle vers un système économique capitaliste; accompagnant cette transition vers une économie de marché, l'établissement d'un régime politique parlementaire et l'instauration d'une certaine forme de démocratie. Tous ces bouleversements suscitent de vives luttes pour le pouvoir. Avant d'examiner les grandes orientations idéologiques des divers protagonistes, retraçons le cadre politique de la période.

Les structures politiques

Comment transformer l'ancienne Nouvelle-France en une colonie anglaise? Les autorités coloniales sont bien obligées d'être réalistes: l'assimilation de la population canadienne ne se fera pas du jour au lendemain. Ainsi, les «nouveaux sujets» conservent le droit de propriété, et ils continuent de parler français et de pratiquer leur religion, même si l'obligation du serment du test écarte en principe les catholiques des fonctions publiques.

Les premiers gouverneurs, comme Murray et Carleton, ne sont pas seulement réalistes, ce sont aussi des aristocrates, remplis de mépris à l'endroit des marchands anglais qui commencent à s'installer à Québec et à Montréal. Les préjugés de classe l'emportant sur l'appartenance ethnique, ils cherchent plutôt à obtenir l'appui des seigneurs francophones et la collaboration du clergé catholique pour affirmer leur autorité. En outre, dans le contexte de l'effervescence indépendantiste des colonies américaines, il faut parer au plus pressé.

En 1774, l'Acte de Québec confirme donc certains droits essentiels pour la population canadienne-française et, bien sûr, pour son élite aristocratique: la langue française, la religion catholique et le droit civil français. Rejetant les demandes des marchands britanniques pour obtenir une Chambre d'assemblée élue, la Grande-Bretagne préfère maintenir un Conseil législatif pour assister le gouverneur. Les seigneurs laïcs et cléricaux, dont les assises économiques sont préservées, pourront être nommés à ce Conseil. Si ces dispositions politiques mécontentent les marchands, le commerce n'en est pas entravé pour autant et l'agrandissement du territoire de la province de Québec jusqu'aux Grands Lacs et jusqu'à la vallée de l'Ohio favorisera le développement du commerce des fourrures.

Ce régime politique autoritaire est cependant de plus en plus contesté au cours de la décennie suivante. Dans le sillage de la Révolution américaine, les idées démocratiques sont diffusées et débattues au Québec. Les loyalistes qui immigrent en grand nombre s'associent aux marchands britanniques dans la revendication d'un régime parlementaire. À ceux-ci se joint un groupe non négligeable de Canadiens français, membres des professions libérales et marchands. Cette petite bourgeoisie en émergence dispute aux seigneurs et au clergé leur ascendant sur la société canadienne-française.

Après l'Indépendance américaine, la Grande-Bretagne consent à quelques concessions. Le ministre des Colonies, William Grenville, présente une nouvelle structure politique marquée par les compromis et qui fournira le cadre des luttes politiques et idéologiques du demi-siècle à venir.

La constitution de 1791 divise le territoire en deux parties, le Haut et le Bas-Canada, et instaure dans chacune de ces colonies un régime parlementaire sans responsabilité ministérielle. Le cens électoral requis pour que l'on ait le droit de vote étant très bas, la majorité des propriétaires peuvent participer à l'élection des députés à une Chambre d'assemblée, mais le pouvoir exécutif est confié à des conseillers nommés par la couronne et choisis sans égard au groupe majoritaire des députés élus. Le gouverneur, chef de l'exécutif, est entouré d'un Conseil législatif dont les membres sont nommés eux aussi par le roi, selon le bon plaisir de celui-ci. Les deux chambres peuvent présenter des projets de loi et chaque projet doit être accepté par la majorité de la Chambre d'assemblée et du Conseil législatif avant de recevoir la sanction royale. La question des finances est quelque peu ambiguë et lourde de conflits potentiels: c'est la Chambre d'assemblée qui a le droit de lever des impôts, tandis que c'est l'exécutif qui gère les dépenses. Le gouverneur, doté d'un droit de veto sur toutes les lois, représente le roi et chapeaute le pouvoir dans les deux colonies. Les juges sont désignés par la couronne et, en outre, ils ont le droit de se présenter aux élections, de devenir députés ou d'être nommés conseillers. La séparation des pouvoirs législatif et judiciaire n'est donc pas inscrite dans cette constitution.

Par ailleurs, dans le Bas-Canada, les dispositions antérieures relatives à la langue, à la religion et aux lois civiles françaises sont maintenues, de même que le régime seigneurial et le droit pour le clergé de percevoir la dîme.

Ce n'est pas encore la démocratie. Et pourtant le nouveau régime est fort bien accueilli par les réformistes. On aurait même chanté le *God Save the King* en anglais et en français dans quelques banquets enthousiastes tenus à Montréal et à Québec.

Les réformistes à la veille de la Révolution française

La deuxième moitié du XVIIIe siècle est marquée par la contestation de l'arbitraire politique et social et par la diffusion d'idéaux de liberté et d'égalité. La Conquête n'a pas coupé le Québec du reste du monde occidental, et les idées réformistes, voire révolutionnaires, pénètrent dans la colonie.

Les Canadiens de l'époque sont analphabètes, dira-t-on. Certes, mais de façon comparable au reste du monde occidental, puisque, au tournant du XIXe siècle, environ 20 % de la population adulte sait lire[1]. Il faut aussi rappeler qu'analphabétisme ne doit pas être confondu avec ignorance. Les idées nouvelles, bien qu'il soit difficile d'en mesurer l'impact, circulent par la propagande orale, par les chansons politiques ou par les contacts personnels, comme par les livres, les brochures et les journaux.

À Montréal, l'imprimeur d'origine française Fleury Mesplet est un ardent promoteur de la philosophie des Lumières. Ami de Benjamin Franklin, Mesplet se joint d'abord aux révolutionnaires américains et imprime de la propagande visant à convaincre les Canadiens de se libérer du joug de la Grande-Bretagne. En 1778, il fonde, avec le journaliste Valentin Jautard, *La Gazette du commerce et littéraire de Montréal* où l'on débat des idées de Voltaire et des Encyclopédistes. L'emprisonnement de l'imprimeur et du journaliste de 1779 à 1782 entraîne la chute de ce premier journal montréalais. Mesplet reprend les armes en créant *La Gazette de Montréal,* qu'il dirige de 1785 à 1794. On sait peu de choses du groupe de démocrates entourant Mesplet, mais les abonnés à sa *Gazette* lisent, en français et en anglais, des articles favorables à la tolérance religieuse, à la liberté de pensée, de parole et de presse. On y réclame le développement de l'éducation pour établir le règne de la raison et de la science. On y dit du mal des nobles, ces parasites «grands par leurs ayeux et petits par eux-mêmes...[2]». *La Gazette*, enfin, est au cœur des débats entourant la demande d'un régime parlementaire pour la colonie.

La Révolution française, à ses débuts, suscite beaucoup d'intérêt et même de sympathie chez les réformistes. Les anglophones saluent l'arrivée d'un régime constitutionnel en France comme une attestation de la supériorité du système britannique. Les Canadiens français réformistes, admirateurs des institutions britanniques, éprouvent un peu le même sentiment. Cependant, à partir de 1793, à la suite du régicide et de la guerre entre la France et la Grande-Bretagne, l'admiration ou la sympathie font place au rejet total. Le petit cercle d'intellectuels nourris des Lumières rejoint alors les hauts fonctionnaires britanniques, les seigneurs et le clergé qui depuis 1789 pestent, le plus souvent en privé, contre la Révolution française. L'information devient maintenant totalement antirévolutionnaire, à l'exception de celle qui émane des émissaires français, via les États-Unis.

Ainsi, le Français Edmond-Charles Genet rédige en 1793 une adresse intitulée «Les Français libres à leurs frères canadiens» pour exhorter ceux-ci à devenir aussi libres que leurs «frères» américains et français. Diffusé par le jeune Canadien Henri de Mézière et ses amis révolutionnaires, ce pamphlet est lu à la porte des églises et sur les places de marché. Les autorités s'inquiètent et le gouverneur Dorchester réclame des troupes supplémentaires. En même temps, deux révoltes populaires éclatent à la suite du vote par le Parlement de deux lois, l'une, en 1794, instituant la milice obligatoire, et l'autre, en 1796, réformant le système des corvées pour l'entretien des routes. Pour certains historiens, tels Claude Galarneau et Fernand Ouellet, ces «incidents», «poussées d'humeur des classes populaires», s'expliquent par des causes locales et économiques. D'autres, tel Jean-Pierre Wallot, parlent plutôt de «quasi-insurrection» et de «sédition», véritables actes révolutionnaires révélant tout au moins un terreau fertile dans la population canadienne pour les nouvelles idées.

> En apparence, la Révolution française elle-même n'estampille profondément qu'un petit groupe d'intellectuels dont le rôle en politique et en affaires reste sans envergure. Mais elle marque plus ou moins superficiellement des membres du parti canadien (l'ancien parti démocrate ou réformiste), du moins pour une brève période, secoue le peuple et sème un ferment démocratique qui ne mourra plus[3].

Une oligarchie colonialiste

La démocratie a pourtant de puissants adversaires dans la colonie. Le pouvoir politique est, en effet, aux mains d'une oligarchie de hauts-fonctionnaires et de militaires britanniques très conservatrice. Les valeurs aristocratiques de ce groupe entraînent une forte méfiance à l'endroit de la participation populaire au pouvoir. Il faut plutôt renforcer la monarchie et assurer la totale soumission de la colonie à l'Empire. Privilégiée elle aussi, l'Église anglicane collabore étroitement avec ce groupe qui, dès les débuts du système parlementaire, prendra la tête de ce qui deviendra bientôt le Parti bureaucrate.

Un deuxième bloc de ce parti est formé par la bourgeoisie marchande britannique et par certains grands propriétaires fonciers. La vitalité économique de ce groupe repose sur le «vieux système colonial» et sur le maintien des préférences tarifaires qui favorisent le commerce du bois et des céréales. Ainsi, loyaux et impérialistes par intérêt économique, la majorité des marchands britanniques s'associent aux aristocrates tories pour limiter les pouvoirs d'une Chambre d'assemblée qu'ils avaient pourtant réclamée, mais dont ils n'ont pas reçu la maîtrise.

Le *Quebec Mercury* se fera l'écho des plus

francophobes d'entre eux et distillera sans relâche un mépris des mœurs, des lois, de la langue et de la religion des Canadiens français. Selon cette feuille, les députés canadiens-français, majoritaires à la Chambre d'assemblée, ne comprennent rien à la constitution de 1791 ni à la liberté britannique. Ils entravent le développement du commerce et ne saisissent pas l'importance de la si utile classe marchande dans la colonie. Ce sont des «tyrants of democracy[4]».

Le *Quebec Mercury* appuie donc le gouverneur Craig lorsque celui-ci refuse de reconnaître la Chambre d'assemblée issue du vote populaire, lorsqu'il emprisonne les leaders du Parti canadien et lorsqu'il tente de museler la presse en supprimant le journal *Le Canadien*. Déjà, dans cette première décennie du XIXe siècle, Craig et son trio de conseillers, le secrétaire Ryland, le juge Sewell et l'évêque anglican Mountain, envisagent d'abolir la Chambre d'assemblée, ou de fausser la représentation pour assurer une majorité aux Britanniques, ou encore de réunir les deux colonies du Bas et du Haut-Canada et de hausser le cens électoral pour mettre les Canadiens français en minorité. Ce sont des «solutions» dont on entendra encore parler...

Tous les gouverneurs ne seront pas à l'image de Craig, mais, d'une manière ou d'une autre, l'alliance entre les gouverneurs successifs et le Parti bureaucrate s'établira selon des règles aristocratiques et impérialistes contre la majorité des habitants. Ces tories rejettent les principes démocratiques libéraux. Ces principes ne s'appliquent pas à une colonie, prétendent-ils. Ils s'appliquent d'autant moins que les Canadiens français ont la malencontreuse idée de les invoquer pour la défense de leurs intérêts.

Une aristocratie laïque et cléricale

Les alliances politiques ne suivent pas toujours les clivages ethniques, puisque, sauf exception, l'aristocratie canadienne-française, tant laïque que cléricale, se rangera, elle aussi, du côté tory. La petite noblesse canadienne partage la vision traditionnelle d'une société hiérarchique qui consacre ses privilèges économiques et sociaux. En participant au pouvoir à titre de conseillers législatifs, les seigneurs s'efforcent de maintenir leur ascendant social sur la communauté canadienne-française. C'est pourtant un groupe en sursis dans une société qui tourne peu à peu le dos à l'Ancien Régime.

La situation de l'Église catholique est différente. Important propriétaire seigneurial, l'Église partage les vues des seigneurs sur l'organisation d'une société. Elle a, cependant, des intérêts propres à faire valoir. D'une position relativement précaire aux lendemains de la Conquête, elle évoluera vers un statut nettement consolidé un siècle plus tard. Le prix? La soumission et la collaboration avec les dirigeants britanniques.

C'est toutefois avec méfiance que les gouverneurs protestants traitent le haut clergé catholique. Certes, la religion catholique est tolérée, les curés continuent de percevoir la dîme, mais l'évêque ne sera reconnu officiellement qu'en 1818. Pourtant, le clergé prêche la loyauté envers la monarchie britannique et l'obéissance à l'autorité. L'évêque Plessis condamne la Révolution française et invite ses ouailles à célébrer les victoires anglaises sur la France. La Conquête devient providentielle: l'Angleterre a apporté aux Canadiens bonheur et liberté, et leur a permis d'éviter les horreurs de la France impie et sanguinaire. Cet argument sera repris à satiété tout au long du siècle.

Durant la crise entre le gouverneur Craig et la Chambre d'assemblée, Plessis n'hésite pas à déclarer en chaire que s'opposer au gouverneur serait un péché mortel. L'évêque demande à ses curés d'agir en conséquence et de bien prendre garde de paraître liés de près ou de loin à l'élection de «personnes mal vues». «Que le gouvernement ait ou n'ait pas raison de s'alarmer, écrit-il, c'est ce que nous ne sommes pas chargés d'examiner. Notre devoir est d'obéir à ce qu'il exige [...] c'est de sa protection que dépend la liberté du culte catholique dans la province[5].»

Plessis, et ses successeurs seront d'accord avec lui, s'efforce de persuader les autorités britanniques que maintenir la religion catholique ne peut que servir les intérêts du gouvernement. L'Église propose ainsi, comme sous le Régime français, la poursuite de l'union du trône et de l'autel.

Les autorités religieuses sont alarmées par le progrès des idées démocratiques dans le Bas-Canada. «Avouons, mes frères, prêche encore l'évêque Plessis, que de tous les sophismes dont on a abusé, dans ces derniers tems *(sic)*, pour leurrer et égarer les nations et les disposer à la révolte, voilà peut-être le plus méchant, comme il est aussi le plus faux et le plus absurde, je veux dire, le système de souveraineté du peuple[6].» En outre, les membres des professions libérales qui propagent ces nouvelles idées délaissent souvent la pratique religieuse. L'ensemble de la population ne semble pas très zélée non plus, au dire des curés. Soulignons que, jusqu'aux années 1840, le nombre de prêtres est loin d'augmenter proportionnellement à la population et que, ainsi, les Canadiens français catholiques sont moins étroitement encadrés qu'ils ne le seront durant le siècle qui suivra.

Dès le début du siècle, l'Église catholique souhaite obtenir la mainmise sur l'éducation. C'est ainsi qu'elle boycotte l'Institution royale, système d'écoles primaires patronnées par l'État, dans laquelle elle voit une entreprise de protestantisation. Un peu plus tard, Mgr Lartigue, évêque de Montréal, exhorte les curés à refuser d'ouvrir des écoles avec l'argent d'une Chambre d'assemblée trop libérale à son goût. Il leur demande de puiser plutôt dans les revenus de leur fabrique les crédits nécessaires aux écoles, le plus souvent sans succès. Il en résultera du retard dans le développement de l'éducation primaire. Moins sensibilisés que leurs évêques aux nécessités de l'éducation, les curés de campagne se contenteront d'assurer une sommaire instruction religieuse.

Le clergé retrouve cependant une quasi-unanimité pour condamner le libéralisme des membres du Parti canadien, puis patriote. Tout comme l'aristocratie laïque, il entend préserver sa position d'élite traditionnelle des Canadiens français. En critiquant le système en place, les patriotes remettent en cause les valeurs cléricales d'autorité. Ils alimentent le mécontentement des paysans; certains d'entre eux se mettent même à contester les dîmes et les redevances seigneuriales. «[...] nos bons habitants, si religieux, si honnêtes, se laissent entraîner et séduire par les agitateurs des villes, et disent maintenant assez clairement qu'il faut une révolution [...][7]», déplore le curé Saint-Germain, pour qui la «peste» du libéralisme est une maladie sociale tout aussi dangereuse que le choléra qui envahit alors Québec et Montréal.

Quelques curés de campagne sympathiseront avec les patriotes, peut-être par solidarité avec leurs paroissiens, mais seul le curé Chartier de Saint-Benoit s'engagera activement dans la rébellion. Sur le plan idéologique, l'ensemble des membres du clergé demeure partisan des valeurs de l'Ancien Régime. Cependant, plusieurs d'entre eux sont nationalistes. L'évêque Lartigue les représente bien lorsque, tout en condamnant la rébellion patriote, il affirme son amour de la patrie. Il demande à ses compatriotes de distinguer le vrai nationalisme du faux. Le «vrai» nationalisme est subordonné à la religion et à l'Église.

Comme ses devanciers et aussi ses successeurs, Lartigue prône le respect des pouvoirs établis, en arguant de l'origine divine de toute autorité. Par la suite, la révolte entraîne la condamnation divine et l'évêque de Montréal décrète le refus de la sépulture ecclésiastique pour les patriotes pris les armes à la main. Après la défaite des rebelles, Lartigue s'attriste de la situation, mais ne peut s'empêcher de triompher:

> ...il vous ait (sic) aisé maintenant de distinguer vos
> véritables amis, les vrais patriotes, ceux qui vous
> veulent du bien, d'avec ceux qui ne visaient qu'à

s'élever, à dominer dans un nouvel État chimérique, et à prendre la place de ceux qu'ils pourraient dépouiller; car c'est, en dernière analyse, le résultat de toutes les Révolutions[8].

Une petite bourgeoisie libérale et nationaliste

Dans l'éventail des forces en présence au Bas-Canada, un groupe accueille avec enthousiasme la constitution de 1791: il s'agit des réformistes adeptes des idées libérales, convaincus de la supériorité de la démocratie comme mode de gouvernement. Vainqueur aux élections de la Chambre d'assemblée, ce groupe forme bientôt le Parti canadien, mais il ne tardera pas à découvrir les limites de la nouvelle constitution.

Le système parlementaire du Bas-Canada permet à chacun des partis, canadien ou bureaucrate, de bloquer l'autre. Ainsi, même s'il domine majoritairement la Chambre d'assemblée, le Parti canadien n'obtient qu'une participation réduite au pouvoir. Le gouverneur, en effet, n'est pas tenu de choisir son Conseil exécutif parmi le groupe majoritaire à l'Assemblée, puisque la Grande-Bretagne n'a pas jugé bon d'accorder la responsabilité ministérielle à ses colonies. Cette question de la responsabilité ministérielle deviendra la revendication majeure du Parti canadien. Ce dernier demande aussi que la population puisse élire le Conseil législatif et que les juges ne puissent plus être élus députés. Il exige également de contrôler les subsides ou les dépenses gouvernementales qui permettent d'obtenir ou de distribuer des emplois plus ou moins lucratifs.

Ces positions traduisent, bien sûr, une lutte de pouvoir. Tout comme la bourgeoisie marchande anglophone s'appuie sur la Grande-Bretagne et sur l'oligarchie britannique pour défendre ses intérêts, la petite bourgeoisie libérale du Parti canadien aspire à renforcer son influence politique et sociale. Dirigé surtout par des membres des professions libérales et par de petits commerçants, ce parti trouve un très large soutien chez les agriculteurs, les journaliers et les artisans.

Fort de sa majorité électorale, le Parti canadien peut prétendre parler au nom du peuple et, en invoquant les principes démocratiques, réclamer que la volonté populaire soit respectée. En même temps, il se trouve que cette majorité populaire, même si elle comporte une minorité d'anglophones, est principalement canadienne-française, de telle sorte que le combat entre l'oligarchie et la démocratie devient aussi une lutte nationale. La petite bourgeoisie du Parti canadien cherche à s'imposer comme élite laïque au sein d'une société qu'elle perçoit comme une nation appelée, à plus ou moins long terme, à l'autodétermination. Ajoutant à ses idéaux démocratiques le droit des peuples à se gouverner eux-mêmes, la petite bourgeoisie sera non seulement nationaliste, mais aussi anticolonialiste.

Au début du XIXe siècle, cependant, les leaders du Parti canadien demeurent loyaux à la Grande-Bretagne dont ils admirent les institutions politiques. C'est d'ailleurs souvent à titre de sujets britanniques qu'ils réclament leurs droits.

En 1827, le Parti canadien devient le Parti patriote. Selon certains auteurs, les patriotes associent à leur programme politique une volonté de réaliser à moyen terme un projet de développement économique intégral du Bas-Canada au profit de la majorité de ses habitants et, bien sûr, de ceux qui la représentent. D'autres historiens, tel Fernand Ouellet, affirment plutôt que c'est un objectif socio-économique rétrograde et conservateur qui se profile derrière une façade politique libérale. À la tête du Parti patriote, Louis-Joseph Papineau favorise le maintien du régime seigneurial et, à l'Assemblée, les patriotes défendent plus volontiers les intérêts de l'agriculture que ceux du commerce. En bloquant les projets économiques de leurs opposants, ils freinent le développement du capitalisme britannique dans la colonie.

En fait, les positions ne sont ni univoques ni statiques. Dans les journaux favorables à la cause des patriotes, comme *Le Canadien*, *La Minerve* ou *The Vindicator*, on retrouve des points de vue divers sur les questions économiques. Dans cette presse patriote, l'agriculture s'avère d'une importance capitale; c'est là l'occupation de la majorité des habitants et, ainsi, la principale source de leur bien-être matériel. Si l'agriculture est souvent présentée comme la gardienne des valeurs ancestrales, on souhaite qu'elle constitue aussi un moyen de s'enrichir. À cet égard, les exhortations à l'amélioration des techniques agricoles et à la diffusion de l'éducation sont nombreuses.

> Avec de l'éducation, l'agriculture par exemple, qui fait la principale occupation de la grande majorité des habitans *(sic)* de ce pays, de routinière qu'elle est aujourd'hui, deviendrait bientôt une science comme elle l'est en Europe, et mettrait nos cultivateurs à même de profiter pleinement des richesses que notre sol offre à exploiter[9].

Les journaux patriotes déplorent le monopole de certains grands propriétaires britanniques sur les terres. À l'occasion, quelques articles critiquent aussi le régime seigneurial et comparent les seigneurs à des bourdons qui s'approprient le travail des abeilles. Toutefois, on en reste le plus souvent à souhaiter que les abus du système soient réprimés.

Les patriotes ne s'opposent pas au développement du commerce. Au contraire, le commerce est une preuve de civilisation, écrit-on dans *La Minerve*: «Plus le commerce est étendu, plus la civilisation d'un peuple avance si ce commerce ne se trouve pas exclusivement en très peu de mains[10].» L'industrie devrait aussi servir les intérêts nationaux: «Pour sortir de l'ornière, il faut se cramponner à l'industrie et à la science. [...] Si nous voulons acquérir une fortune nationale, il faut obtenir une industrie nationale[11].» Et l'on déplore les entraves que le colonialisme britannique met au développement des manufactures bas-canadiennes.

On a souvent accusé, et déjà à cette époque, les Canadiens français de manquer d'esprit d'entreprise. «Lorsque cette imputation n'est pas une injure, selon *La Minerve*, elle est une bévue. [...] Ce sont les moyens, c'est l'instrument, les capitaux en un mot qui ont manqué jusqu'à présent aux Canadiens pour se jeter dans les grandes entreprises[12].» Le Parti patriote exhorte les Canadiens français à se doter d'institutions financières qui serviront leurs intérêts. Ainsi sera fondée la Banque du peuple, «par des capitalistes réformistes et avec la langue de la majorité[13]», pour drainer la petite épargne et favoriser le développement du commerce, de l'industrie et de l'agriculture canadiennes-françaises.

Finalement, la lecture de la presse patriote révèle une perception plutôt dynamique du développement économique. Expression d'une minorité? Probablement. Une minorité suffisante, cependant, pour que l'on cesse de croire que les Canadiens français ont attendu la Révolution tranquille pour s'intéresser aux questions économiques...

La petite bourgeoisie patriote s'oppose aux projets de la bourgeoisie marchande non par rejet du capitalisme mais parce que ce ne sont pas les siens ni ceux de sa nation. Le nationalisme contribue ici fortement à faire adhérer une large partie de la population à la position des libéraux, malgré l'opposition de la hiérarchie catholique, rangée du côté de l'autorité britannique.

Le conflit, à la fois social et national, s'exacerbe tout au long de la décennie 1830 et le Parti radicalise ses buts et ses moyens de pression, ce qui ne va pas sans scissions entre partisans modérés et radicaux. En 1834, les patriotes exposent dans les 92 Résolutions leurs principaux griefs. La Grande-Bretagne rejette ces demandes de réformes et tranche la querelle des subsides en autorisant, par les résolutions Russell de mars 1837, le gouverneur de la colonie à se passer du vote de la Chambre d'assemblée pour les crédits budgétaires. Cette décision provoque de nombreuses manifestations de protestation.

Inspirés par les idéaux de la Révolution américaine, 700 à 800 jeunes gens patriotes fondent à Montréal l'association des Fils de la liberté. Le 4 octobre 1837, ils publient un manifeste où ils revendiquent les libertés individuelles et où ils affirment le droit pour un peuple de choisir son gouvernement et le droit à l'indépendance pour une colonie. Les Fils de la liberté appellent à la solidarité de tous ceux qui perçoivent la colonie comme leur patrie. L'Angleterre est une mère patrie indigne, s'écrient-ils; contre le despotisme, il faut établir la démocratie.

Les résolutions adoptées aux assemblées patriotes du printemps et de l'automne 1837 sont aussi passionnément libérales, nationalistes et anticolonialistes. À l'assemblée des Six-Comtés, en octobre 1837, on revendique au nom du bonheur, de la prospérité, des libertés et de l'honneur du peuple.

La violence verbale cède bientôt la place à l'affrontement armé. Les patriotes sont déboutés. Quelques mois plus tard, en février 1838, un groupe de patriotes, plus restreint mais plus radical, publie une déclaration d'indépendance dont la facture mime celle des Américains. On y proclame la république, l'abolition de la tenure seigneuriale et la séparation de l'Église et de l'État. Certaines des mesures préconisées sont nettement d'avant-garde, comme les droits civils pour les Amérindiens, l'abolition de l'emprisonnement pour dettes, le suffrage universel pour les hommes.

Incendies de maisons de patriotes, emprisonnements, exils, procès et pendaisons suivront les rébellions de 1837 et 1838. L'échec de celles-ci entraînera la disparition du Parti patriote. Plusieurs de ses anciens dirigeants reviendront à la politique active sous le régime de l'Union.

CHAPITRE II

Après l'échec, une réorientation

À partir de 1840, les anciennes colonies du Haut et du Bas-Canada sont réunies pour former le Canada uni. La Grande-Bretagne maintient le régime parlementaire, mais elle ne tient aucun compte des demandes démocratiques du Parti patriote: les conseillers législatifs sont toujours nommés par la couronne, et la responsabilité ministérielle est refusée, malgré la recommandation de l'enquêteur Durham. Les ex-Bas Canadiens sont, à juste titre, vexés: bien qu'ils soient beaucoup plus nombreux, ils obtiennent le même nombre de députés que les habitants du Haut-Canada. En outre, ils auront à supporter la dette publique du Haut-Canada, nettement plus élevée. Les Canadiens français conservent leur propre système de lois civiles, mais l'anglais est proclamé seule langue officielle.

Ce nouveau contexte entraîne une réorientation des groupes sociaux qui gravitent autour du pouvoir. Les idéologies évoluent, elles aussi, mais elles servent encore à façonner et à légitimer les projets et les alliances nouvelles qui s'établissent à la suite des modifications des institutions politiques.

En ce milieu du XIXe siècle, les oppositions idéologiques seront très vives entre les ultramontains, d'un côté, et les rouges, de l'autre. Avant d'examiner cet affrontement idéologique majeur, voyons d'abord quelle est la position des moins radicaux.

Le réformisme modéré et le conservatisme

«Il y en avait, et nous étions de ce nombre, qui pensaient qu'avec l'appui et la faveur de l'Angleterre, les Canadiens français pouvaient se flatter de conserver et d'étendre leur nationalité de manière à pouvoir par la suite former une nation indépendante.» Toutefois, ajoute Étienne Parent, auteur de ces lignes, «avec la connaissance des dispositions de l'Angleterre, ce serait pour les Canadiens français le comble de l'aveuglement et de la folie que de s'obstiner à demeurer un peuple à part sur cette partie du continent[1]». Parent est à ce point découragé qu'il propose à ses compatriotes de travailler eux-mêmes, de toutes leurs forces, à leur propre assimilation. On mesure ici l'impact de l'échec de 1837. Évanouis les rêves d'indépendance à plus ou moins long terme pour les Canadiens français. Résigné sur ce plan, mais sans abandonner toute forme de nationalisme, Parent finira tout de même par accepter l'Union. Cependant, encore démocrate, il réclame le gouvernement responsable. C'est justement autour de cette dernière revendication que se réunissent les réformistes modérés durant la décennie 1840.

Boycotter l'Acte d'union, exiger son rappel? Ou participer au nouveau régime politique et tenter de l'infléchir, de le rendre plus démocratique? C'est la deuxième voie que choisit Louis-H. LaFontaine, leader des réformistes bas-canadiens. Pour LaFontaine, c'est seulement en participant au pouvoir qu'on pourra obtenir, donnant donnant, des lois préservant l'essentiel de l'héritage canadien-français. Son projet passe par une alliance avec Francis Hincks, Robert Baldwin et le groupe des réformistes du Haut-Canada, alliance nécessaire à l'obtention du gouvernement responsable, et par l'acceptation, à contrecœur au début, du nouveau régime de l'Union.

Pourtant, LaFontaine est conscient des injustices de l'Union. Il dénonce, par exemple, la proscription légale du français et, symboliquement, il prononce dans sa langue maternelle son premier discours à l'Assemblée du Canada uni. Nationaliste, mais réaliste, La Fontaine refuse l'assimilation que réclament ses adversaires tories, tout en oubliant les projets indépendantistes des patriotes radicaux. Avec LaFontaine et ses amis, le nationalisme sera celui que l'on appellera par la suite «de conservation» — conservation de «notre» langue, de «nos» lois, de «notre» religion —, un nationalisme subordonné aux exigences des alliances politiques. Sans renoncer à leur identité culturelle, et même dans le but de la préserver, les réformistes canadiens-français font cause commune avec leurs homologues canadiens-anglais pour démocratiser le système politique et, bien sûr, pour participer au pouvoir. Idéologiquement, on observe une continuité certaine entre ces réformistes et les patriotes modérés de la période antérieure, c'est-à-dire les démocrates francophones et anglophones.

Après quelques déboires, la stratégie de LaFontaine réussit et, ainsi, à peine une décennie après l'échec de 1837-1838, les Canadiens français regagnent un certain degré de pouvoir. Ayant dorénavant accès au patronage, leurs leaders pourront, en distribuant les postes publics, offrir à leurs amis politiques une démonstration concrète des vertus du nouveau système. La coalition réformiste du Haut et du Bas-Canada obtient, en effet, victoire: le gouvernement responsable est acquis en 1848, consacrant l'autorité de l'Assemblée sur le Conseil exécutif et limitant considérablement le pouvoir du gouverneur. À cette époque, le système colonial de la Grande-Bretagne se transforme: de protectionniste, il devient libre-échangiste. Délaissant quelque peu sa colonie sur le plan économique, la métropole relâche en même temps sa tutelle politique. Le Canada uni accède ainsi à la souveraineté interne.

Après cette conquête majeure, les batailles sont moins vives entre les réformistes et les tories qui finissent par regrouper leurs forces en 1854. De cette alliance naîtra par la suite le Parti conservateur de Macdonald et de Cartier, fortement appuyé par la communauté marchande anglophone.

Comment caractériser globalement ces «conservateurs», hommes politiques ou hommes d'affaires? Très certainement, leur conservatisme n'est plus celui, tourné vers l'Ancien Régime, de l'aristocratie du début du siècle. C'est plutôt celui d'une bourgeoisie qui émerge comme classe dominante dans une colonie en voie d'émancipation. Au milieu du XIXe siècle, cependant, c'est loin d'être chose faite. Perturbés par les changements de la politique coloniale de la métropole, certains d'entre eux préconisent un moment l'annexion aux États-Unis. La loyauté ou l'intérêt reprennent vite le dessus. Les relations économiques avec les États-Unis vont se poursuivre et s'intensifier, mais le lien avec l'Empire britannique restera très fort au sein du Parti conservateur. Même les leaders francophones, tels LaFontaine puis George-Étienne Cartier, seront convaincus que, devant la menace américaine, ce lien avec la Grande-Bretagne représente la meilleure sauvegarde de la survivance nationale pour les Canadiens français.

Groupe biethnique aux intérêts divers, le Parti conservateur demeure tout de même le fidèle défenseur des intérêts d'une bourgeoisie essentiellement anglophone. Ces «conservateurs» — regroupement de tories et de libéraux très modérés — endossent sur le plan politique une démocratie encore bien peu égalitaire et souhaitent un développement économique de type libéral, axé sur les privilèges de la propriété privée. L'abolition du régime seigneurial en 1854, avec pleine compensation pour les seigneurs, puis le projet confédératif s'inscriront dans cette lignée.

Les Canadiens français s'intéressent-ils à ce développement économique? À la fin des années 1840, Étienne Parent prononce quelques conférences à Montréal. Il exhorte alors ses compatriotes à prendre leur place, leurs droits et leurs responsabilités tant dans le domaine économique que dans le domaine politique. Il insiste sur l'importance de l'étude de l'économie politique; ses auteurs préférés dans ce domaine sont nettement libéraux, tels Adam Smith ou Jean-Baptiste Say. Parent présente le développement industriel comme un moyen de sauvegarder la nationalité.

Voix sans écho? Ce n'est pas si sûr. Partisans du libéralisme économique, ces «conservateurs» sous l'égide de G.-É. Cartier? Pourquoi pas? On a longtemps cru que les Canadiens français boudaient le capitalisme, en vertu d'une mentalité réfractaire au «progrès». Or, non seulement on retrouve dans les journaux du temps des propos similaires à ceux d'É. Parent, mais des études récentes ont révélé que, à des niveaux d'activité économique comparable, les Canadiens français adoptent des attitudes semblables à celles des anglophones[2]. Les piètres performances économiques — bien réelles — des Canadiens français relèvent évidemment de facteurs multiples, d'ordre socioculturel, mais aussi, sinon davantage, d'ordre politico-économique. Pourquoi les avoir imputées essentiellement à une sorte de déficience idéologique? Après tout, ce ne sont pas seulement les idées ou les idéologies qui mènent le monde...

Les recherches restent à faire. Si on connaît fort bien le nationalisme des «conservateurs» canadiens-français durant la période de l'Union ou leur lutte pour l'obtention du gouvernement responsable, on s'est bien trop vite contenté de leur attribuer comme idéologie globale celle de leurs alliés ultramontains.

La réaction de l'Église et l'ultramontanisme

À partir des années 1840, l'Église catholique prêche toujours la soumission, mais elle affiche moins qu'auparavant son loyalisme envers la Grande-Bretagne. Sa position au sein de la société canadienne-française a été renforcée à la suite de l'échec des patriotes qu'elle avait condamnés. Elle travaille maintenant à forcer l'élite canadienne-française à partager le pouvoir avec elle, ambitionnant même d'occuper toute la place.

Au début, l'Église proteste contre l'Union: l'assimilation des Canadiens français équivaudrait, bien sûr, à la perte de son troupeau. L'Église devient alors, et pour plus d'un siècle, l'un des porte-drapeaux du nationalisme dit de conservation, axé d'abord et avant tout sur la religion comme première distinction nationale, sur le maintien de la langue française et sur la sauvegarde des institutions canadiennes-françaises. Ce nationalisme s'apparente à celui de LaFontaine et de ses partisans. Cependant, si, comme LaFontaine, l'Église se résigne au régime de l'Union, elle ne partage pas pour autant les idéaux démocratiques du leader réformiste. L'Église pactise avec les réformistes (qui seront plus tard les conservateurs) parce qu'elle craint davantage leurs adversaires politiques plus radicaux. Elle y trouve son compte: au cours des années 1840, elle obtient de LaFontaine des concessions majeures dans le domaine de l'éducation. Les écoles publiques francophones seront catholiques, tout comme les collèges classiques et l'université. Les hôpitaux, les asiles, les hospices, les orphelinats et l'ensemble des entreprises de charité font aussi partie du domaine de l'Église.

À la tête du diocèse de Montréal, Mgr Bourget est un évêque particulièrement zélé. Pour encadrer les fidèles, pour assurer l'éducation catholique et pour travailler aux œuvres de l'Église, il a besoin d'aide. Il fait donc venir d'Europe un grand nombre de communautés religieuses. Arrivent alors les Oblats de Marie-Immaculée, les Jésuites, les Dames du Sacré-Cœur, les Religieuses du Bon Pasteur, les Clercs de Saint-Viateur, les Pères de Sainte-Croix et des communautés de frères. Plusieurs communautés locales sont également fondées durant les années 1840: les Dames de la Charité, les Sœurs de la Providence, la Congrégation des Saints Noms de Jésus et de Marie, les Sœurs de la Miséricorde, les Sœurs de Sainte-Anne.

Avec cet imposant renfort, Mgr Bourget entreprend une véritable reconquête. La pratique religieuse devient spectaculaire. C'est l'essor des grandes manifestations de piété: pèlerinages, processions de la Fête-Dieu, plantations de croix de chemin, on affiche sa foi avec exubérance. Au cours des retraites collectives, les catholiques écoutent des prédicateurs qui dénoncent l'impureté et l'intempérance, qui brandissent la peur de l'enfer, qui appellent à la conversion et à la soumission. Envahissant le domaine culturel, l'Église met sur pied des associations de jeunes, des instituts littéraires, censure le théâtre, la danse, les romans. L'Œuvre des bons livres est créée pour combattre la littérature frivole. Des journaux cléricaux sont fondés, comme *Les Mélanges religieux*, *Le Courrier du Canada* et, plus tard, *Le Nouveau Monde*. Dans le sillage de leurs évêques, les journalistes laïques rivalisent d'intransigeance et de dogmatisme.

Bourget, à Montréal, et Laflèche, à Trois-Rivières, sont des ultramontains, c'est-à-dire des conservateurs exacerbés et intolérants, au sein d'une Église catholique déjà conservatrice et traditionnelle. Convaincus de leur vérité, les ultramontains ne s'embarrassent guère de nuances et de compromis. Ils n'aiment pas les catholiques modérés. Pour eux, il n'y a qu'une seule façon d'être catholique: la leur.

Les ultramontains se caractérisent par leur fidélité absolue au pape à qui ils accordent juridiction sur tout l'univers. À leur avis, pour qu'une société reste chrétienne, l'Église et l'État ne doivent pas être séparés. Leur idéal de société serait un État officiellement catholique, et même une monarchie de droit divin. Forcés de s'accommoder de la démocratie, ils ne cessent d'en dénoncer les dangers. Ils s'insurgent contre le principe de la souveraineté du peuple et condamnent toutes les libertés dites modernes. La Révolution française qui a apporté toutes ces nouveautés représente à leurs yeux le mal absolu.

Puisque toute autorité vient de Dieu (et qui est mieux placé que l'Église pour interpréter la volonté de Dieu sur terre?), les ultramontains affirment la suprématie de l'Église sur l'État. L'État ne doit pas s'immiscer dans les affaires de l'Église. Par contre, c'est de l'Église que doit relever tout ce qui touche à la religion ou à la morale. Avec ce principe fort élastique, les ultramontains se donnent le droit et le devoir de surveiller l'action des gouvernements, de se mêler des élections, bref d'intervenir un peu partout dans la société. Les ultramontains prétendent ainsi sauvegarder l'ordre social, comme on peut le lire dans l'un de leurs journaux:

> L'État peut tout au plus protéger la vertu, mais il ne saurait en ordonner la pratique. Le monde invisible, la conscience lui échappe [...]. Il doit donc de toute nécessité appuyer ses lois et ses répressions sur un dogme religieux qui lui assure le concours des volontés. Car de quel droit le législateur distribuerait-il les rôles dans une société où l'enseignement divin n'aurait pas appris à l'homme la sublime économie d'une religion fondée sur l'abnégation, la souffrance et l'expiation[3]?

Le même argument est invoqué par le chanoine H. Hudon dans un sermon à l'occasion de la fête nationale de la Saint-Jean-Baptiste en 1847: «Or, il faudrait des lois de fer pour enchaîner des peuples sans religion; à la place des autels, il faudrait des cachots; au lieu des pasteurs, des soldats; au lieu de l'Évangile, un code de supplices effrayants: un peuple sans religion est un peuple indisciplinable[4].» C'est un argument que la bourgeoisie ne rejettera pas du revers de la main...

Les ultramontains valorisent l'autorité et l'obéissance, l'ordre et la hiérarchie. Chaque individu occupe une place sur l'échiquier social et il doit y rester. L'éducation ne doit pas changer cet ordre des choses. D'une part, on n'y croit pas:

On sait que l'instruction, bien loin de calmer les appétits naturels et d'étancher cette soif de bonheur qui tourmente le genre humain, ne fait que l'augmenter. [...] D'un autre côté, l'instruction populaire ne fera jamais le miracle d'établir une certaine égalité dans les fortunes, pas plus que d'élever le plus grand nombre des intelligences au même niveau. [...] Le moyen d'améliorer le sort du peuple ne consiste pas précisément à l'instruire, mais à rendre ses maîtres compatissants, charitables et humains[5].

D'autre part, pour les classes pauvres, l'éducation peut être nuisible:

Sans être éteignoirs de l'éducation ni du bon sens, nous pensons que l'éducation religieuse suffit à ces sortes de gens; une éducation plus relevée ne servirait qu'à leur inspirer de l'orgueil et de la vanité et à vouloir les faire sortir de l'état que la Providence leur a assigné; l'éducation religieuse est la seule qui puisse leur faire supporter avec patience et même avec joie les peines attachées à leurs travaux; cette éducation leur convient et leur suffit, aussi tant que l'Église subsistera, elle ne leur manquera pas[6].

Mgr Bourget exhorte ses paroissiens à choisir d'abord pour leurs enfants une école où l'enseignement religieux est satisfaisant. Tant pis pour les connaissances profanes: «l'ignorance est de beaucoup préférable à l'enseignement qui n'a point pour fondement la connaissance de Dieu, de sa loi et de sa moralité[7].» Rejetant avec horreur l'éducation non confessionnelle, les ultramontains — et l'ensemble de l'Église — s'opposent aussi à l'instruction obligatoire. On est forcé de conclure que leur premier objectif semble la mainmise sur l'éducation plutôt que le développement de celle-ci. En remportant, grâce à leurs alliés politiques, cette victoire majeure, ils acquièrent au milieu du siècle un moyen durable et terriblement efficace d'accroître leur influence.

Préconisant à travers l'éducation une sorte d'immobilisme social, les ultramontains québécois favorisent le maintien de la famille traditionnelle, hiérarchisée, elle aussi, et soumise à l'autorité paternelle.

Dans le domaine économique, on n'aime pas

non plus le changement. Durant les années 1840 et 1850, alors que s'est déjà amorcé le mouvement d'émigration des Canadiens français vers les États-Unis, plusieurs membres du clergé, Mgr Bourget en tête, s'engagent dans une œuvre nouvelle, celle de la colonisation comme salut de la nation. Inquiets des effets perturbateurs de l'urbanisation et de l'industrialisation, les ultramontains, insistant sur le caractère étranger des nouvelles activités économiques, préfèrent que les Canadiens français se consacrent à l'agriculture, sous la houlette de leurs pasteurs. Mais les journaux religieux souhaitent en même temps l'amélioration des techniques agricoles. Là encore, cependant, on trouve le moyen de moraliser: les insuccès des agriculteurs canadiens-français sont fréquemment attribués à leur goût immodéré du luxe et à leur intempérance.

Déjà à cette époque, on trace les grandes lignes d'un discours opposant la campagne à la ville, lequel, toutefois, n'est pas encore très virulent. Après tout, l'industrialisation débute et l'agriculture, si elle n'est pas particulièrement florissante, n'apparaît pas vraiment menacée comme mode de vie prédominant. C'est au fur et à mesure que l'on avancera dans le siècle que ce discours deviendra de plus en plus passéiste et rétrograde.

Les ultramontains d'ici s'approvisionnent aux ultramontains d'outre-mer. Ainsi, c'est à travers le journal français de Louis Veuillot, *L'Univers*, que les milieux ultracatholiques prennent connaissance des événements européens et surtout romains, et qu'ils renouvellent leur arsenal d'arguments idéologiques. Mais la réalité historique québécoise façonne l'ultramontanisme et lui donne une image propre. Si leurs confrères européens s'avèrent en général antinationalistes, les ultramontains québécois mettent la religion au cœur même de la nation. À leurs yeux, leurs adversaires privilégiés, les rouges, mettent en péril autant la foi que la patrie.

Le rougisme ou la démocratie anticléricale

Les rouges s'inscrivent dans le sillage des patriotes radicaux. Le point de ralliement, et aussi la première tribune de cette nouvelle génération politique, sera d'abord l'Institut canadien. Fondé en 1844, l'Institut est en premier lieu une association culturelle. Ses membres y trouvent une bibliothèque qui contiendra la majorité des œuvres libérales des XVIIIe et XIXe siècles, des romans, des livres d'histoire et une imposante collection de périodiques européens et américains. Des avocats, des notaires, des médecins, des journalistes, des étudiants, mais aussi des commerçants et des commis-marchands s'y réunissent pour écouter des conférences sur des questions d'actualité coloniale ou internationale, sur l'économie politique, la philosophie et les sciences, sur la littérature, la géographie et l'histoire.

L'Institut canadien se révèle comme étant un foyer dynamique pour qui veut s'instruire, exprimer et échanger des idées sur tous les sujets. Il défend la liberté d'expression avec une belle ferveur. Mais plusieurs membres de l'Institut ne souhaitent pas seulement discuter, ils veulent aussi agir.

En 1847, certains d'entre eux se donnent un moyen d'étendre leur influence en fondant *L'Avenir*. Le titre du nouveau journal est aussi révélateur de l'enthousiasme de ces jeunes libéraux que sa devise: «Laissons là ceux qui croient que le monde va s'écrouler parce que tout se remue et s'agite autour d'eux.» Parmi les principaux collaborateurs, on trouve Jean-Baptiste-Éric Dorion, Joseph Doutre, Rodolphe Laflamme, Charles Daoust, Charles Laberge, Joseph Papin et Louis-Antoine Dessaulles.

Le retour à la politique de Louis-Joseph Papineau, revenu d'exil, apporte un certain dynamisme aux jeunes de *L'Avenir,* et tranquillement émerge un regroupement politique, le Parti rouge. Admirateurs de l'ex-leader patriote, les rouges n'adoptent pas pour autant toutes ses positions. Ainsi, s'ils sont généralement en faveur de la lutte pour l'obtention du gouvernement responsable, ils rejettent par contre les compromis de LaFontaine sur la question nationale. Restés aussi ardents nationalistes que démocrates, les rouges refusent de se contenter de la participation minoritaire des Canadiens français au pouvoir. Invoquant le droit des peuples à disposer d'eux-mêmes, ils veulent défaire cette Union qui, à leur avis, défavorise les Canadiens français.

Il faut bien voir que, dans la nouvelle colonie du Canada uni, la nation canadienne-française n'est plus majoritaire comme elle l'était avant 1840 dans le Bas-Canada. Il devient alors plus difficile, comme l'a souligné l'historien Jean-Paul Bernard, de concilier le principe des nationalités avec le principe démocratique. Cette difficulté sera, on le verra, l'un des écueils du Parti rouge.

Malgré l'étiquette, les rouges ne sont pourtant pas des révolutionnaires, mais bien des libéraux qui revendiquent, comme l'exprime Jean-Baptiste-Éric Dorion, «la plus grande somme de liberté et d'égalité possible dans les limites de l'ordre et de la paix[8]».

En 1851, le manifeste électoral de J.-B.-É. Dorion exprime quelques-unes des idées libérales des rouges. Dorion réclame encore le rappel de l'Union et l'obtention d'institutions plus démocratiques: «[...] la démocratie produit la prospérité, élève l'humanité en la rendant libre, parce qu'elle tire sa source de ce qu'il y a de plus pur et de plus fort dans la société: la souveraineté populaire[9].» Ainsi, il faut établir un gouvernement vraiment responsable, en rendant électifs tous les postes jusqu'à celui du gouverneur lui-même et en abolissant le cens d'éligibilité. Il faut aussi une représentation électorale proportionnelle à la population, un scrutin secret et, enfin, le droit de suffrage universel — comme on disait à l'époque, mais qui ne concernait que la moitié mâle de l'univers.

Pour diminuer les privilèges, accroître l'efficacité du gouvernement et réduire les taxes, Dorion propose quelques réformes administratives et judiciaires. Comme l'obligation légale de la dîme ne pèse que sur les agriculteurs, Dorion a l'audace d'en exiger l'abolition et le remplacement par un système plus équitable pour tous. Il s'attaque aussi aux privilèges du clergé protestant en demandant que l'on cesse de lui réserver le septième des terres publiques.

Le programme prévoit également la suppression du régime seigneurial. À l'époque, l'idée est assez largement répandue, mais elle ne fait pas l'unanimité chez les rouges: le seigneur Papineau n'est pas d'accord... L'argumentation de Dorion dévoile bien cependant les valeurs libérales des rouges: le système seigneurial «est devenu odieux à notre population parce qu'il paralyse tout esprit d'entreprise, de progrès et de liberté. Il énerve, avilit le censitaire en l'appauvrissant. Il faut en finir avec un système devenu dangereux pour nos libertés et nos fortunes.»

Favorables à la propriété privée et à l'esprit d'entreprise, les rouges ne semblent pas avoir un programme économique très développé. Favorisant l'agriculture et la colonisation, de même que la liberté des échanges commerciaux, ils critiquent, de façon bien partisane, les projets des adversaires réformistes et conservateurs. Rappelons que, chez les uns et chez les autres, les aspects économiques de l'idéologie sont peu connus.

Par ailleurs, les rouges sont constamment favorables au développement de l'éducation. «L'éducation, s'exclame Dorion, c'est la vie d'un peuple. Un peuple ignorant est un peuple déchu, sa mort politique et sociale ne peut être éloignée.» Pour «répandre l'éducation et les connaissances utiles», il faudrait même laisser circuler les journaux sans frais de poste.

Enfin, «et au-dessus de tout», Dorion propose l'indépendance du Canada — pacifiquement, par voie électorale — et son annexion aux États-Unis, là où les Canadiens français trouveront «de l'espace, du pain et de la liberté».

Dès 1849, *L'Avenir* avait endossé le manifeste annexionniste proposé par plusieurs membres éminents de la bourgeoisie anglophone. Les adversaires des rouges s'en étaient alors donné à cœur joie. Comment peut-on se prétendre les défenseurs de la nation canadienne-française et vouloir noyer celle-ci dans le grand ensemble américain? Tandis que les conservateurs et les ultramontains se méfient de ce qu'ils désignent comme le nivellement américain et qu'ils restent très pro-britanniques, les rouges, à l'instar de leurs prédécesseurs patriotes, sont remplis d'admiration, admiration sans doute mêlée d'une certaine naïveté, pour les États-Unis et leur dynamisme. Ils font valoir les avantages économiques et politiques de l'annexion et affirment, plutôt candidement, que la langue et la foi seraient préservées. Mais le mouvement annexionniste s'étiole en quelques années à peine et les rouges, sans renoncer totalement à l'idée, n'en parlent plus guère.

Au cours des années 1850, au fur et à mesure que progresse l'immigration anglophone, les Canadiens français deviennent de plus en plus minoritaires dans le Canada uni. Le système politique qui accorde le même nombre de députés au Bas et au Haut-Canada défavorise maintenant ce dernier. Les rouges, toujours démocrates, continuent de réclamer une représentation électorale proportionnelle à la population. Même si le programme rouge prévoit en même temps de transformer l'union législative du Canada uni en union fédérale décentralisée, de manière à préserver les intérêts du Bas-Canada, ce n'est pas facile à vendre aux électeurs francophones. Les conservateurs en profitent sans vergogne pour se porter comme les seuls véritables défenseurs de la nation canadienne-française. D'autant plus que les rouges font alliance avec les Clear Grits du Haut-Canada, dont le chef, George Brown, est perçu comme l'ennemi juré des Canadiens français et des catholiques.

Concilier libéralisme et nationalisme apparaît comme l'une des difficultés majeures des rouges, et il semble bien qu'ils accordent la priorité à leurs valeurs libérales. Comme pour les ultramontains, aux yeux desquels la nation n'a pas de sens sans la religion, pour les rouges la nation n'existe pas sans la liberté et l'égalité. Dans un cas comme dans l'autre, le nationalisme sert à faire endosser par la nation l'ensemble d'un projet de société. La polémique entre le rougisme et l'ultramontanisme ne concerne pas seulement le sort de la nation. Elle vise directement la position de la petite bourgeoisie laïque et celle du clergé dans la structure de pouvoir.

C'est autour de la question des relations entre l'État et l'Église que les passions s'avivent entre les ultramontains et les rouges. Ces derniers ne sont pas tous anticléricaux, la plupart d'entre eux sont, au contraire, des catholiques pratiquants. Pourtant, excédés par la place démesurée que le clergé ultramontain veut prendre dans la société civile, ils préconisent une nette séparation des affaires de l'Église et de celles de l'État. Ils confineraient volontiers les curés dans leur sacristie, surtout en temps d'élections. Bien sûr, lorsqu'ils remettent en question la dîme et les autres privilèges de l'Église, lorsqu'ils critiquent l'enseignement offert dans les collèges classiques et même lorsque certains d'entre eux vont jusqu'à réclamer un système d'éducation non confessionnel, les rouges s'attirent les foudres du clergé, le plus souvent par l'intermédiaire des journaux cléricaux.

L'ensemble des valeurs rouges s'opposent à l'idéologie ultramontaine: aucune entente n'est possible avec ces champions des libertés individuelles, qui croient à la raison, au progrès et même à la tolérance. Mgr Bourget sera particulièrement choqué lorsque, à partir de 1850, l'Institut canadien acceptera comme membres les Anglo-protestants tout comme les Canadiens français catholiques. En outre, non seulement les rouges augmentent leur influence à l'Institut canadien, mais ils commencent à connaître des succès électoraux significatifs.

Bourget décide de contrer cette menace. En 1858, il fait publier trois lettres pastorales où il s'attaque directement au Parti rouge et à son organe depuis 1852, *Le Pays*, de même qu'à l'Institut canadien dont la bibliothèque serait farcie de «livres impies». La majorité des membres de l'Institut refusent la censure ecclésiastique que voudrait imposer Bourget. Pourtant, cent trente-cinq d'entre eux, c'est-à-dire le cinquième des membres, se soumettent à l'évêque, quittent l'Institut et fondent une nouvelle association concurrente, l'Institut canadien-français.

En 1862, Bourget récidive. Il envoie sept lettres au *Pays*, en exigeant leur publication. L'évêque accuse le journal d'être anticatholique, antisocial et immoral. Il est scandalisé de l'appui que les rouges ont accordé aux nationalistes italiens dont les aspirations en faveur de l'unification de l'Italie mettent en péril le pouvoir temporel du pape sur les États pontificaux. Bien plus, des articles parus dans *Le Pays* ont même osé critiquer le gouvernement du pape et son administration. Les propriétaires du *Pays* refusent dignement de publier ces lettres. Ils se considèrent comme catholiques et bons citoyens, mais libres. Dans les questions purement sociales et politiques, ils réclament leur entière indépendance vis-à-vis du pouvoir clérical.

Bourget revient à la charge l'année suivante, en exigeant cette fois que l'Institut canadien purge sa bibliothèque des livres à l'Index, c'est-à-dire les mauvais livres selon l'Église. Les rouges s'estiment capables de décider si tel ou tel livre est bon pour eux; ils refusent. L'évêque condamne alors l'Institut qui fait appel de ce jugement à Rome. En 1869, Rome maintient la décision de Bourget: les catholiques n'ont plus le droit, sous peine de péché grave, de faire partie de cette association qui enseigne des «doctrines pernicieuses», celles que le pape Pie IX a réprouvées à cette époque: «le rationalisme, le libéralisme, le progrès et la civilisation moderne».

L'Institut canadien survit encore une dizaine d'années, puis disparaît. Ces condamnations cléricales affectent aussi le Parti rouge. Déjà, à la fin des années 1850, les modérés s'y démarquent des radicaux. En 1864, les rouges demeurent les seuls adversaires du projet de Confédération: bataille perdue, également.

L'échec des rouges signifie-t-il la fin du libéralisme au Québec, comme on l'a longtemps prétendu? Bien sûr que non. Certes, c'est l'échec de l'anticléricalisme, qui, somme toute, est l'ingrédient idéologique qui confère au rougisme son caractère radical. Au cours de la période de l'Union, l'Église catholique augmente nettement son influence et son pouvoir dans la société québécoise. Pour subsister sur l'échiquier politique, le Parti rouge — qui deviendra le Parti libéral après 1867 — devra éviter les affrontements avec le clergé. Le Parti apparaîtra donc nettement plus modéré, sans qu'il renonce pour autant à toutes ses valeurs. Par ailleurs, il n'est pas évident que les rouges soient les seuls libéraux au milieu du XIXe siècle. Au-delà de l'opposition strictement partisane, il apparaît — mais des études ultérieures devront confirmer cette hypothèse — que les rouges partagent avec les réformistes-conservateurs une conception semblable de l'évolution économique et sociale. Plus ou moins modérées, l'idéologie des uns et celle des autres s'insèrent dans la valorisation d'une société bourgeoise, d'une certaine forme de démocratie et d'un développement économique de type capitaliste. Quels Canadiens français, sinon les ultramontains, restent des nostalgiques de l'Ancien Régime?

Par contre, l'échec du rougisme a une autre signification sur le plan national. Rappel de l'Union, annexion aux États-Unis, projet de fédération très décentralisée, les rouges cherchent une forme d'émancipation de la tutelle britannique, de même qu'une autonomie accrue pour les Canadiens français. La victoire du nationalisme dit de conservation consacre, dans la conjoncture d'après 1837, la défaite d'un nationalisme plus revendicateur.

Pour conserver le pouvoir, une partie de l'élite canadienne-française, représentée par le Parti conservateur, fait d'importantes concessions à l'Église, ce qui, bien sûr, entrave le libéralisme. Ensemble, ces alliés s'approprient la nation, laquelle, pour longtemps, ne pourra plus être définie sans son étiquette catholique. Mais le Parti conservateur refuse la tutelle que l'Église et, surtout, les ultramontains veulent lui imposer dans le champ politique. L'harmonie est loin d'être totale entre ultramontains et conservateurs; cependant, au moment de la Confédération, l'Église va encore servir les intérêts des bleus, au détriment de ceux des rouges.

CHAPITRE 3

L'installation d'un libéralisme modéré

Au cours du dernier tiers du XIXe siècle, les débats idéologiques sont encore vifs, mais l'ont voit s'imposer peu à peu parmi les élites un certain modèle de société et un large consensus vers la modération. Durant cette période, l'harmonie souhaitée entre Canadiens anglais et Canadiens français vacille pourtant de crise en crise, tandis que, avec des concessions mutuelles, hommes politiques et hommes d'Église apprennent à vivre ensemble. Par ailleurs, si les partis politiques, de plus en plus structurés, et le clergé catholique, solidement installé, continuent, avec leur presse et leurs organisations respectives, de bénéficier d'une tribune publique, ils ne sont plus les seuls. D'autres groupes participent de plus en plus aux débats de société. Les travailleurs qui, à partir de 1872, ont le droit légal de s'associer insistent pour faire entendre une voix qui effraie tous les bourgeois. Les hommes d'affaires s'organisent, eux aussi, et proclament à tout vent leur conception du progrès et de la liberté.

Canadiens ou Canadiens français?

Le Parti conservateur sort gagnant des premières élections fédérales et provinciales. Comment, en 1867, a-t-on vendu le nouveau régime aux électeurs québécois et particulièrement aux francophones? D'abord, il faut voir que la Confédération rassemble trois colonies britanniques, mais elle introduit en même temps une séparation: les Canadiens français redeviennent une majorité dans la province de Québec dont le gouvernement possède juridiction sur ce que les conservateurs conçoivent comme important pour la nation: éducation, langue, droits civils, religion. La Confédération est ainsi offerte comme la solution idéale pour les Canadiens français: d'une part, une province où l'identité culturelle sera préservée; d'autre part, la participation à un grand pays appelé à un développement économique fantastique... En même temps, insistent les conservateurs, c'est la seule façon d'échapper à l'absorption par les États-Unis où les Canadiens français ne seraient qu'une goutte d'eau.

Les rouges ont beau souligner la mise en minorité des Canadiens français au sein d'un gouvernement fédéral doté de très larges pouvoirs, l'absence de garanties véritables pour les droits des Canadiens français hors Québec, le caractère non démocratique d'un Sénat non élu, le poids des intérêts économiques particuliers derrière le projet, ils perdent.

Prenant peut-être leurs désirs pour la réalité ou voulant infléchir celle-ci, une grande partie des élites canadiennes-françaises ont longtemps présenté la Confédération comme un pacte entre les deux nations fondatrices. Bien sûr, c'est un mythe. C'est une nation canadienne, et une seule, que John A. Macdonald et ses partisans veulent édifier à long terme, en dépit des différences culturelles ou régionales. Les deux grands partis politiques, qui comportent chacun leur part de francophobes et d'anglophobes, adoptent malgré tout un discours officiel d'harmonie et de bonne entente entre Canadiens anglais et Canadiens français. En cas de conflit, cependant, ces derniers découvriront que le système penche toujours en faveur de la majorité.

L'harmonie sera très tôt compromise avec la question des écoles. Les catholiques — puisque le découpage s'effectue alors selon l'appartenance religieuse plutôt que linguistique — perdent leurs droits scolaires, d'abord dans les Maritimes, puis, plus tard, au Manitoba. Contrairement à ceux de la minorité protestante au Québec que l'on avait bien veillé à préserver, ces droits n'étaient pas suffisamment garantis par la loi. Et, contrairement aux illusions des hommes politiques canadiens-français, il ne suffisait pas de bien traiter la minorité protestante au Québec pour que les mêmes avantages soient accordés aux minorités francophones des autres provinces.

D'autres crises alimentent le ressentiment et le nationalisme des Canadiens français. En 1885, alors que de nombreux francophones, de toutes couleurs politiques, réclament la grâce de Louis Riel, non reponsable de ses actes aux yeux de plusieurs, Macdonald préfère s'aliéner — temporairement — les Canadiens français plutôt que d'affronter la colère des orangistes de son parti. La pendaison de Riel suscite à Montréal la plus grande manifestation publique de la fin du XIXe siècle. Pourtant, en général, les manifestants désapprouvent le soulèvement armé et ce n'est pas la cause des Métis qui préoccupe avant tout les partisans de Riel. Celui-ci est plutôt transformé en martyr catholique et français. Les Canadiens français, désillusionnés, sont alors nombreux à interpréter le refus de Macdonald comme la preuve de leur peu de poids dans la Confédération.

Honoré Mercier profite de cette fièvre nationaliste. «Riel, notre frère, est mort...[1]» Nous sommes faibles, s'écrie-t-il, parce que nous sommes divisés. Cessons nos luttes partisanes et unissons-nous. Mercier devient, l'année suivante, premier ministre du Québec, à la tête d'un Parti national regroupant des libéraux, des conservateurs dissidents et même des ultramontains. Cette coalition explosive ne dure pas et Mercier se retrouve bientôt chef des libéraux provinciaux.

Leader des libéraux fédéraux, Wilfrid Laurier désapprouve la formation d'un parti selon la nationalité, geste qui, à son avis, ne peut que provoquer la formation d'un parti canadien-anglais, inévitablement plus fort. Sur ce plan, Laurier suit la ligne de conduite tracée par LaFontaine et Cartier. Son opinion prévaudra. En quelque sorte, les Canadiens français d'alors sont condamnés à la bonne entente...

Pour les grands partis binationaux, le seul nationalisme viable, mais encore bien faible, semble le nationalisme canadien, écartant, d'une part, les orangistes et les impérialistes et, d'autre part, les nationalistes canadiens-français. Sans remettre en cause le lien avec la Grande-Bretagne, la majorité des hommes politiques ne souhaitent pas accentuer le colonialisme. Par ailleurs, les hommes d'affaires des deux groupes linguistiques entendent préserver le territoire canadien — leur espace de développement — des convoitises étrangères, en particulier américaines. Une opinion monte à la fin du XIXe siècle: «le Canada aux Canadiens». Tout en insistant sur la nécessaire égalité des droits de tous dans le Canada, les milieux d'affaires francophones endossent ce nationalisme canadien. Ils ne permettent pas que leurs activités soient perturbées par les «chicanes» nationales ou par ce qu'ils nomment avec dédain le «Saint-Jean-Baptisme».

En marge se retrouvent les ultramontains pour qui cette forme de nationalisme avoisine la trahison. Ayant assigné aux Canadiens français catholiques la mission providentielle de répandre leur foi dans toute l'Amérique, ils restent constamment sur la défensive dans une mer protestante. La lutte ne finit jamais. En 1889, Jules-Paul Tardivel, l'un de leurs porte-parole des plus flamboyants, déclare:

> La Confédération ne protégeant pas les droits des minorités, du moment que ces minorités sont françaises et catholiques, où est donc sa raison d'être, au point de vue de nos intérêts, à nous, Canadiens

français et catholiques? Elle peut faire l'affaire des sectaires qui veulent l'anglicisation, l'apostasie religieuse et nationale des Canadiens français; mais elle ne saurait faire la nôtre [...]. Nos ennemis ne s'arrêteront que lorsqu'ils auront foulé aux pieds le dernier droit de la race française en Amérique[2].

La solution? Tardivel l'imagine dans la création d'un État catholique indépendant au Québec, laissant à la Providence le soin de décider du moment opportun. Cependant, personne ne le suit dans cette voie, même parmi ses amis ultramontains. L'évolution des relations entre hommes d'Église et hommes politiques va d'ailleurs, au cours de cette période, marginaliser les partisans de la théocratie.

Religion et politique

En 1867, l'ensemble des évêques du Québec a publiquement appuyé le nouveau régime et, ce faisant, le parti qui s'en faisait le promoteur. Les rouges, outrés de cette intervention partisane, devront malgré tout apprendre à composer avec l'Église catholique et avec le nouveau cadre politique. De plus en plus, le Parti libéral tient à distance sa fraction radicale. Les journaux libéraux comme *Le Pays* reçoivent la directive d'éviter les controverses avec le clergé. C'est bel et bien la fin du rougisme comme force politique.

Parallèlement, l'ultramontanisme va décliner. Au tournant des années 1870, pourtant, Mgr Bourget est encore très actif. Malgré les réserves de l'aile modérée des évêques catholiques, il soutient l'expédition en Italie de quelques centaines de zouaves, jeunes apprentis soldats qu'on a convaincus de se porter au secours du pape contre les nationalistes italiens qui sont en train de se fabriquer un pays. Encadrés de tambours et trompettes à leur départ et à leur retour, les zouaves, comme l'a montré l'historien René Hardy, sont plus utiles au Québec qu'à Rome: ils servent essentiellement une campagne de promotion des idées ultramontaines[3].

À la même époque se déroule la fameuse affaire Guibord. Membre de l'Institut canadien, l'imprimeur Joseph Guibord décède en 1869, quelques mois après la condamnation de l'Institut, et on lui refuse la sépulture ecclésiastique. Sa veuve, aidée de l'avocat rouge Joseph Doutre, porte la cause devant les tribunaux. Le long procès est finalement tranché en 1875 par le Conseil privé de Londres en faveur de la famille Guibord. Défait mais non résigné, Mgr Bourget pousse l'obstination jusqu'à maudire la portion du cimetière catholique où le malheureux Guibord est finalement enterré.

Les ultramontains ne se satisfont pas de l'élimination des rouges. Ils tentent aussi de dominer les conservateurs. Leur appui, menacent-ils, n'est pas inconditionnel. Ainsi, en 1871, un groupe de laïcs, notoirement associés aux évêques Bourget et Laflèche, publient un «Programme catholique» exhortant les électeurs à ne choisir comme députés que des hommes aux principes «parfaitement sains et sûrs». «L'adhésion pleine et entière aux doctrines catholiques romaines en religion, en politique et en économie sociale doit être la première et la principale qualification que les électeurs catholiques devront exiger du candidat catholique[4].» Pour conserver le soutien des ultramontains, les candidats conservateurs devront s'engager formellement à défendre «les intérêts religieux»... comme on le leur indiquera.

Quand les ultramontains faisaient la guerre aux rouges, les conservateurs appréciaient leur aide. Mais maintenant qu'ils goûtent de la même médecine, G.-É. Cartier et son organe *La Minerve* s'insurgent contre ce chantage. Les conservateurs s'efforceront dorénavant de neutraliser leur aile ultramontaine. Dans l'immédiat, ils réussissent à faire échouer les «Programmistes» en bonne partie parce que l'évêque Taschereau de Québec, de même que les évêques Langevin de Rimouski et Larocque de Saint-Hyacinthe, rejette le manifeste électoral ultramontain, étalant ainsi, aux yeux du public, la division des autorités religieuses.

De son côté, le Parti libéral s'efforce de lever l'hypothèque que fait peser sur lui l'hostilité ultramontaine. Sans complaisance mais d'un ton calme, Wilfrid Laurier déclare, en 1877, qu'être libéral signifie simplement croire à la liberté, à la démocratie et au progrès. Les libéraux canadiens, précise-t-il, s'inspirent du libéralisme britannique et ne sont ni révolutionnaires ni antireligieux. Les catholiques peuvent choisir le Parti libéral, tout comme les prêtres, à l'égal de l'ensemble des citoyens, ont le droit de prendre part aux affaires politiques. Cependant, pour eux comme pour tous, ce droit n'est pas absolu. «Les droits de chaque homme, dans notre état de société, finissent à l'endroit précis où ils empiètent sur les droits d'un autre. Le droit d'intervention en politique finit à l'endroit où il empiéterait sur l'indépendance de l'électeur[5].» À l'occasion, les libéraux n'hésitent pas à contester certaines élections devant les tribunaux et à accuser le clergé «d'influence indue».

Dans ce contexte, c'est Rome qui, paradoxalement, viendra tempérer les ardeurs politiques des ultracatholiques. Alarmée par les scandales potentiels, Rome délègue un enquêteur, Mgr Conroy, qui, au grand dam des ultramontains, confirme que le libéralisme canadien n'a rien à voir avec ce que l'Église condamne, et qui enjoint le clergé catholique de s'abstenir d'intervenir dans la politique partisane.

C'est la victoire du groupe modéré de l'épiscopat et le début du déclin de l'ultramontanisme. L'évêque de Québec, Elzéar Taschereau, chef de file des modérés, est réaliste. Dans le contexte postconfédéral, les deux grands partis politiques comprennent chacun une majorité de protestants et une minorité de catholiques. Aussi, rejetant l'affrontement, Mgr Taschereau entend préserver les intérêts du clergé et de la religion en cultivant la bonne entente entre l'Église et l'État.

Laurier est aussi pragmatique. À la direction de son parti, à compter de 1887, il impose silence aux libéraux anticléricaux, notamment dans les journaux du parti. Devenu premier ministre du Canada en 1896, malgré l'opposition plus ou moins affichée des évêques québécois, Laurier n'hésite pas à faire appel à Rome. Un nouveau délégué apostolique, Mgr Merry Del Val, appuie les libéraux et ordonne à l'épiscopat canadien-français de suivre la voie du compromis pour assurer la survie du catholicisme au Canada. Ainsi se termine la lutte en faveur des écoles pour les catholiques manitobains.

Vaille que vaille, les élites laïques ont fini par établir un modus vivendi avec l'Église: au tournant du siècle, celle-ci laisse officiellement la politique aux politiciens. Par l'intermédiaire de l'école et de la famille, en particulier, elle conserve une large influence. Mais la place importante de l'Église n'entraîne pas forcément l'adhésion de l'ensemble de la société québécoise à ses idéaux. L'Église assume d'importants services sociaux que les hommes politiques et les hommes d'affaires d'obédience libérale sont bien aises de lui abandonner. Par ailleurs, il n'y a pas que des divergences entre les libéraux et l'Église. Face à la menace ouvrière, bourgeoisie et clergé se confortent comme groupes dominants.

Les travailleurs: une voix nouvelle

Malgré les exhortations des plus traditionalistes, en particulier chez les ultramontains, qui, inquiets des dangers de la ville, se font les chantres de la vie rurale, les Canadiens français quittent la campagne. Ils vont chercher du travail dans les villes du Québec ou ailleurs. Dans la deuxième moitié du XIXe siècle, les appels en faveur de la colonisation ne suscitent qu'un enthousiasme très mitigé. Les Canadiens français sont, en effet, beaucoup plus nombreux à partir pour les États-Unis, le plus souvent pour devenir ouvriers dans les manufactures de la Nouvelle-Angleterre. Peu leur importe le discours des élites les plus réactionnaires qui dénoncent le matérialisme, l'amour du luxe et la désertion nationale.

Insuffisante sans doute pour empêcher l'émigration, l'industrialisation se développe tout de même, en particulier à Montréal dont la population triple au cours des trois dernières décennies du siècle. Les travailleurs urbains vivent dans des conditions pénibles auxquelles les gouvernements sont parfaitement insensibles. Longues heures de travail pour de bas salaires, chômage fréquent, lieux de travail insalubres et dangereux, logements pitoyables, mortalité infantile élevée sont trop souvent le lot des familles ouvrières urbaines.

Une infime minorité de travailleurs est syndiquée. Il s'agit d'abord des ouvriers qualifiés, regroupés selon le métier, et le plus souvent affiliés aux syndicats américains. Dans les années 1880, les Chevaliers du travail, organisation venue des États-Unis, connaissent un certain succès en tentant de rassembler tous les travailleurs d'une entreprise ou d'une région. Leur programme comporte des mesures bien gênantes puisqu'on y trouve, outre l'augmentation des salaires et la diminution des heures de travail — revendications communes à tous les syndiqués —, la limitation du travail des femmes et des enfants, l'instruction obligatoire et la création de bibliothèques publiques, l'abolition des saisies de biens pour dettes, le développement des coopératives, la municipalisation des services publics, etc. Favorables à l'action politique, les Chevaliers du travail soutiennent que l'amélioration de la condition des travailleurs passe par un changement de société.

Hommes politiques, propriétaires de manufactures et membres du clergé sont inquiets, voire hostiles. En 1885, Mgr Taschereau va même jusqu'à obtenir de Rome une condamnation des Chevaliers du travail, sous prétexte qu'ils forment une société secrète. À Montréal, par contre, Mgr Fabre est plus tolérant. Les milieux d'affaires, pour leur part, résistent énergiquement à toute forme de syndicalisme.

Arguant des intérêts communs du capital et du travail, les Chevaliers du travail favorisent l'arbitrage plutôt que la grève pour résoudre les conflits. Leur succès ne dure pas. Dans les années 1890, ils cèdent la place au syndicalisme dit international dont les objectifs sont différents. Ce type de syndicalisme ne remet pas fondamentalement en question la société capitaliste, mais réclame seulement — avec vigueur — de plus grands avantages pour les ouvriers syndiqués.

Quelques leaders syndicaux se présentent aux élections comme candidats ouvriers. Cependant, même élus, ils sont la plupart du temps marginalisés ou récupérés par les grands partis. Les journaux commencent par ailleurs à révéler la triste condition des ouvriers des manufactures. Ainsi, visant une clientèle populaire, le quotidien *La Presse* publie une chronique ouvrière signée Jean-Baptiste Gagnepetit, pseudonyme de Jules Helbronner. Mais, au total, en cette fin de siècle, la voix nouvelle des travailleurs n'est pas encore très forte et leurs adversaires sont vigilants.

Le progrès à la manière libérale

Dans un article critique à l'endroit des Chevaliers du travail, *Le Moniteur du commerce*, journal des milieux d'affaires francophones de Montréal, déclare en 1888:

> Rapprocher chaque jour l'ouvrier des classes supérieures, égaliser les conditions par l'instruction, par la moralité, par la puissance de l'épargne, c'est le courant du siècle, c'est l'avenir de la démocratie. Tendre à séparer les classes au lieu de les égaliser et de les confondre, chercher à créer un quatrième État et à lui attribuer la toute-puissance dans la société, c'est faire œuvre révolutionnaire, c'est tourner le dos au progrès et à l'avenir[6].

Mais quel est donc ce progrès? Si l'on se fie aux hommes d'affaires canadiens-français, le progrès, c'est d'abord la réussite matérielle. Comment y arriver? Une petite recette individualiste: travail, économie, intégrité, persévérance, voilà la route du succès. Fermant les yeux sur les inégalités réelles et criantes, les hommes d'affaires sont péremptoires: «c'est à chacun de faire son chemin ici-bas[7]», et tous les individus sont également libres et responsables de leur réussite ou de leur échec, de leur bonheur ou de leur malheur.

Le bonheur, pour un individu, consiste précisément à réussir dans ses entreprises matérielles et à acquérir une fortune. Le seul moyen d'y parvenir, c'est de garantir la propriété privée et la liberté individuelle. Le XIXe siècle est acclamé comme un «siècle de progrès», parce que s'y sont développés les droits de la propriété privée et, bien sûr, ceux des propriétaires. Ce credo libéral est largement répandu dans la société québécoise de l'époque, bien au-delà des milieux d'affaires. Au XIXe siècle, clame-t-on, les hommes sont les fils de leurs œuvres. Ce mythe est propagé à travers les *success stories* publiées à profusion dans la presse urbaine.

Les journaux d'affaires francophones veulent aussi développer chez leurs compatriotes l'ambition, l'esprit d'entreprise et la recherche du profit. Il ne suffit pas de se créer un petit capital: «Une fois ce capital acquis, on ne doit pas rester les bras croisés et ne lui laisser rapporter qu'une rente insignifiante. Il faut travailler à le doubler, à le tripler, soit dans le commerce où il a été réalisé, soit en le faisant contribuer aux entreprises productives qui surgissent chaque jour de toutes parts[8].»

Le bonheur se jauge à l'abondance, et l'addition de ces réussites individuelles et matérielles apportera le «progrès». Selon les hommes d'affaires, la propriété individuelle constitue la meilleure source de productivité et d'efficacité pour l'accroissement des biens matériels et la satisfaction des besoins humains. C'est le progrès matériel qui entraînera à sa suite le progrès moral et intellectuel. Adeptes de l'économie politique libérale, les propriétaires de petites et moyennes entreprises canadiennes-françaises affirment avec beaucoup d'enthousiasme leur volonté de participer pleinement au développement et à la croissance économiques, c'est-à-dire, dans leur vocabulaire, au progrès.

C'est bien à tort que l'on a voulu restreindre l'adhésion à ce type d'idéaux à la seule communauté anglophone. On a abusivement attribué à tous les Canadiens français le point de vue des ultramontains qui, bien sûr, endossent alors une autre échelle de valeurs.

> Je veux bien, écrit le juge A.-B. Routhier, que le Canada français s'avance à grands pas sur la voie ferrée du progrès matériel, traîné par ces deux grandes locomotives qu'on appelle le commerce et l'industrie. Mais je veux avant tout qu'il ne s'engage jamais hors du chemin que la France catholique a tracé pour lui. J'estime très bon qu'il devienne riche et puissant, mais il est essentiel qu'il reste profondément catholique; et s'il faut pour cela sacrifier le commerce et l'industrie, je le dis énergiquement, sacrifions-les[9].

La large majorité des Canadiens français ne veut pas de ces sacrifices énergiques. Il est, par ailleurs, excessif de croire que l'ensemble de l'Église souhaite confiner les Canadiens français dans l'agriculture. D'après les travaux de Gabriel Dussault, le projet colonisateur du célèbre curé Labelle s'inscrit dans une perspective de développement économique intégral, de conquête du territoire et même de reconquête économique pour les Canadiens français catholiques[10]. Cette utopie n'a rien d'un repli sur la terre.

De leur côté, les hommes politiques endossent le mouvement de colonisation, sans en faire une priorité. Les relations entre l'Église et l'État ne sont pas non plus leur seul souci. Bien au contraire, aux deux paliers de gouvernement, les hommes politiques sont quasiment en symbiose avec les hommes d'affaires. Préoccupés de chemins de fer, d'industrialisation et de développement économique à la manière libérale, ils légifèrent en fonction des besoins insatiables de la propriété privée. Au nom du développement du pays et de la province, et au nom du progrès.

La démocratie parlementaire qu'avalisent ces élites est encore fort peu égalitaire. Les femmes s'y voient refuser leurs droits sociaux et politiques, les étrangers sont fort mal acceptés et les travailleurs pratiquement laissés à eux-mêmes ou aux forces du marché. Pourtant, au nom de la démocratie et du progrès, les journalistes et les associations d'affaires réclament un accès plus large et plus aisé à l'éducation... pour les garçons; les filles devront attendre. Ils exigent surtout une éducation plus adaptée aux courants du siècle. Ces exigences entraînent une critique sévère de l'Église catholique, tenue responsable du retard canadien-français dans ce domaine.

> En fait d'enseignement, jusqu'à il y a vingt ans, le clergé a fait ses preuves, c'est vrai; mais depuis vingt ans ou à peu près, tout le temps qu'il n'a pas consacré à ses devoirs d'état, il l'a employé tantôt à activer des chamailleries intestines et à affaiblir la discipline si nécessaire à l'apostolat, tantôt à exciter des luttes entre diverses communautés régulières pour maintenir ou augmenter, à celle-ci ou à celle-là selon le vent sympathique du moment, sa somme d'influence ou de richesse. Depuis vingt ans, le clergé n'a rien fait pour généraliser et augmenter sensiblement l'instruction parmi le peuple[11].

Cependant, satisfaits par quelques réformes dans le secteur de l'éducation spécialisée, les hommes d'affaires laisseront finalement le système scolaire à la gouverne de l'Église. C'est une concession majeure, mais qui ne révèle pas un assujettissement au pouvoir clérical: dans le champ politique comme dans le champ économique, l'Église en tant qu'institution ne se voit reconnaître ni rôle ni privilège. Il reste que le libéralisme de ces hommes d'affaires est respectueux à l'endroit de l'Église catholique, puissance avec laquelle ces derniers doivent, tout comme les hommes politiques, composer, sans toutefois renier l'essentiel de leur idéologie libérale.

Ces hommes d'affaires, on l'a vu, s'accommodent également d'une forme de nationalisme canadien où l'individualisme passe avant les valeurs communautaires. S'enfermer dans la province de Québec, refuser l'ouverture sur le monde, c'est tourner le dos au progrès et favoriser le retard économique des

Canadiens français. À la fin du XIXᵉ siècle, même s'ils s'opposent sur la question nationale, les groupes laïques dominants au Canada français et anglais, tant dans les milieux politiques que dans les milieux d'affaires, ont établi une sorte de consensus plutôt simple, sinon simpliste, autour de l'individualisme et de la propriété privée, autour des libertés politiques et des institutions parlementaires britanniques, et autour du progrès conçu essentiellement comme développement matériel et croissance économique. On peut, si l'on veut, parler de conservatisme. Cette idéologie sert, en effet, à conserver les privilèges de ces classes dominantes. Pourtant, il s'agit bien d'une forme de libéralisme. Une fois établi, au service d'une bourgeoisie installée, le libéralisme classique n'a rien d'un progressisme.

Ce credo libéral s'impose tranquillement, sans doute davantage dans les milieux urbains. Des recherches supplémentaires seraient nécessaires pour mesurer l'étendue de l'adhésion à ce libéralisme modéré dans l'ensemble de la société québécoise. Par ailleurs, il est certain que cette idéologie est fort peu contestée sur son flanc gauche. Les travailleurs demeurent un groupe dominé. Quelques libéraux manifestent une timide ouverture aux réformes: le système est perfectible, mais il ne faut rien bousculer. Sur le flanc droit, les traditionalistes sont encore nombreux. Il ne faut cependant pas confondre leur conservatisme avec celui des libéraux. C'est la société ancienne que les traditionalistes veulent préserver. Ainsi, une minorité tory se passerait volontiers de la démocratie, et quelques ultramontains rêvent encore d'une théocratie. En cette fin de siècle, pourtant, les partisans d'un retour en arrière n'ont plus vraiment de prise.

CHAPITRE 4

Une nouvelle société
dans une nation divisée

Au tournant du siècle, les partisans d'une société capitaliste et libérale sont enthousiastes: le XXe siècle appartiendra au Canada, selon Wilfrid Laurier, alors premier ministre fédéral. Comment s'organisera cette nouvelle société dite moderne et quel y sera le rôle de l'État? À travers l'orthodoxie libérale, un discours réformiste et des arguments nationalistes se font entendre. L'Église catholique a aussi son mot à dire; elle cherche toujours à encadrer les fidèles, mais elle s'y prend d'une manière différente. Elle imprimera notamment sa marque sur le syndicalisme et sur le féminisme, mouvements par ailleurs diversifiés sur le plan idéologique. D'autre part, la forte immigration du début du siècle modifie la composition ethnique du pays et inquiète certains nationalistes. L'harmonie nationale reste difficile, et les tensions entre Canadiens français et Canadiens anglais seront particulièrement exacerbées lors de la Première Guerre mondiale.

La société industrielle et le rôle de l'État

Le «progrès» tant souhaité par les libéraux, hommes politiques ou hommes d'affaires, de la période antérieure est maintenant acclamé avec le XXᵉ siècle. Le progrès nous entoure, il est là avec la prospérité économique. De façon laconique, mais éloquente, *Le Moniteur du commerce* résume la question: «En Canada, les choses sont au mieux matériellement parlant. Nous sommes un peuple heureux[1].»

Progrès est associé à développement économique, mais aussi à modernité. En l'occurrence, être moderne signifie être de son siècle, de son époque, celle de l'essor économique, de la croissance industrielle, du développement urbain. Les journaux d'affaires francophones encouragent fortement les Canadiens français à s'approprier une part du gâteau de la prospérité. Pour stimuler l'esprit d'entreprise, *Le Moniteur du commerce* publie une chronique intitulée: «Nos hommes de progrès» où les commerçants et les industriels francophones apparaissent comme les bienfaiteurs de l'humanité. L'apologie du progrès ainsi défini concourt à préserver l'univers socioéconomique dont les hommes d'affaires sont partie prenante. Célébrer la modernité permet alors de faire en sorte que l'avenir se poursuive sur la lancée du présent. Les hommes d'affaires, francophones comme anglophones, conçoivent en effet le fonctionnement socioéconomique de façon à en être les principaux bénéficiaires; au XXᵉ siècle comme au XIXᵉ, ils veillent à ce que les pouvoirs politiques n'entravent pas, mais favorisent plutôt l'épanouissement de la propriété et des propriétaires. Le rôle de l'État reste libéral et les milieux d'affaires n'ont aucune peine à s'entendre avec les milieux politiques qui, sur ce plan, partagent la même conception. Les premiers ministres du Québec, Simon-Napoléon Parent et Lomer Gouin, vantent le progrès de la même façon, en exaltant le développement industriel... qu'ils laissent à l'entreprise privée: «Nous voulons multiplier, sur le territoire de notre province, le nombre de ces centres industriels qui répandent le progrès et la richesse[2].»

À Montréal, la presse francophone à grand tirage (et il en va de même dans les quotidiens anglophones) endosse ce discours axé sur le progrès matériel et sur les qualités individuelles qui permettent d'y accéder. La lutte pour la vie concerne d'abord les individus et, sauf exception, l'État n'a pas à s'en mêler. C'est par leurs réussites individuelles — et d'abord matérielles — que les Canadiens français s'imposeront comme nation.

> Le Canada français doit beaucoup de sa cohésion à sa langue d'abord, à l'organisation locale de sa religion, à son culte des traditions; [...] il doit chercher les voies de son avenir du côté de l'industrie, du commerce et de l'agriculture, ces ferments économiques qui verseront dans son composé national le grand frisson du Progrès Moderne[3].

C'est avec enthousiasme que la presse francophone à grand tirage reprend le slogan d'Errol Bouchette: «Emparons-nous de l'industrie!»

Il ne fait aucun doute que les milieux dominants, tant francophones qu'anglophones, acceptent la société industrielle de type libéral. Même l'Église catholique s'y ajustera, à contrecœur sans doute, comme on le verra. Sans remettre fondamentalement le système en question, certains posent pourtant des conditions ou souhaitent des réformes. Dans les milieux intellectuels et petits bourgeois canadiens-français, des nationalistes de tendances diverses s'inquiètent du sort de la nation dans ce nouveau contexte. Accusant les gouvernements de brader les richesses de la province au profit des capitalistes souvent étrangers, ils réclament — et obtiennent parfois — des mesures propres à préserver l'avenir et à conserver au Québec les bénéfices du développement industriel. Par exemple, en 1910, le gouvernement québécois interdit l'exportation du bois coupé sur les terres publiques, ce qui contribue à l'essor des usines papetières au Québec. Mais ces gestes sont plutôt rares et les gouvernements voient encore leur rôle dans l'appui aux infrastructures. Après l'ère des chemins de fer, voici celle des routes.

Certains nationalistes exigent davantage. Ainsi, Errol Bouchette souhaite non seulement que le gouvernement provincial adopte une politique industrielle qui préserverait les intérêts du Québec dans l'exploitation de ses ressources naturelles, mais il demande aussi l'intervention de l'État pour qu'il supplée au manque de capitaux des Canadiens français et leur permette de participer davantage au développement industriel. Mais Bouchette ne convainc aucun homme politique des vertus de l'intervention étatique pour combler le retard économique des Canadiens français. Il a cinquante ans d'avance...

Par contre, Bouchette a davantage d'adeptes lorsqu'il déclare que les Canadiens français sont pénalisés par les faiblesses du système d'éducation et qu'il insiste pour qu'on fasse une plus grande place à l'enseignement des sciences et des techniques. Il rejoint ici les hommes d'affaires canadiens-français qui, depuis longtemps, exigent une éducation «moderne»... et une main-d'œuvre qualifiée. On accédera alors à ces demandes. Écoles du soir, écoles techniques, École des Hautes Études Commerciales, le gouvernement soutient un réseau d'enseignement spécialisé qui échappe à la tutelle de l'Église.

Néanmoins, celle-ci conserve la mainmise sur la grande partie de l'éducation. À la fin du XIXe siècle, les tentatives du gouvernement libéral de Marchand d'instaurer un ministère de l'Instruction publique avortent, en bonne partie sous la pression de Laurier qui entend maintenir la paix avec l'Église. Les plus radicaux du Parti libéral réclament ensuite l'instruction obligatoire, sans succès, pour les mêmes raisons. Quitte à retarder les progrès de l'éducation, l'Église bloquera cette mesure jusqu'en 1943. La paix avec l'Église a son prix. Pourtant, les partisans du libéralisme valorisent l'éducation. Ils n'ont même que cette panacée à offrir à ceux qui ne goûtent pas autant que les autres aux bienfaits du progrès.

Le Moniteur du commerce encourage les ouvriers et les commis de magasins à fréquenter les écoles du soir avec ce mot d'ordre: «Outillez-vous pour le *struggle for life*[4]...»

L'individualisme et la suprématie de la propriété privée, qui s'imposent dans le domaine économique, s'étendent également au domaine social. Au milieu d'une euphorie libérale socialement aveugle, quelques-uns réclament malgré tout des changements. Parallèlement au progrès économique, il faudrait bien un peu de progrès social. Ces réformistes canadiens-anglais et canadiens-français dénoncent les abus du système: les transformations économiques ont entraîné des problèmes sociaux graves qui débordent la responsabilité individuelle et appellent une certaine intervention de l'État. Mais c'est surtout après la Première Guerre mondiale que le système dominant commencera, à cet égard, à s'infléchir très lentement. Pour l'heure, malgré quelques lois timides concernant le travail des femmes et des enfants ou les accidents du travail, l'ensemble du domaine social est, tout comme l'éducation, laissé aux initiatives privées.

Soulignons, enfin, que le socialisme est à cette époque carrément marginal, même s'il suscite déjà les craintes des milieux bourgeois. Quelques partis ouvriers connaissent une existence éphémère. Un certain nombre de syndiqués comptent cependant parmi les réformistes, mais la plus grande partie du mouvement ouvrier ne s'écarte guère des principes libéraux. *How to get more?*, demande Gompers, le président américain de la centrale à laquelle sont affiliés les syndicats internationaux. Ces derniers se donnent simplement comme objectif d'assurer à leurs membres la plus large part possible des biens matériels produits. De leur côté, les syndicats catholiques adoptent plutôt l'idéologie de l'Église «nouvelle».

L'Église et le XXᵉ siècle

L'Église catholique est bien loin de partager l'enthousiasme des élites laïques à l'égard du progrès et de la modernité. La société industrielle et urbaine sera-t-elle chrétienne? Les ouvriers canadiens-français, encadrés souvent par des patrons protestants ou juifs, ou par des leaders syndicaux matérialistes, voire socialistes, resteront-ils fidèles à l'Église? Comment conserver sa foi si l'on vit à Montréal, entouré de divertissements païens, d'une presse à sensations, d'un nombre de buvettes encore plus considérable que le nombre d'églises? Il y a certes matière à s'alarmer si l'on se sent responsable de la moralité sociale.

Les réflexes du XIXᵉ siècle n'ont pas disparu. À Montréal, Mᵍʳ Bruchési censure la presse et condamne le théâtre, mais, le plus souvent, sans grande efficacité. Estimant encore que l'alcoolisme engendre la misère et non l'inverse, une grande partie du clergé québécois lance des croisades de tempérance, rejoignant ainsi un mouvement encore plus vigoureux chez les réformistes canadiens-anglais. Pourtant, les Québécois francophones résistent au courant nord-américain de prohibition.

Si elle continue d'interdire et de dénoncer, l'Église du XXᵉ siècle comprend qu'il lui faut d'autres stratégies. Bien sûr, il reste encore des nostalgiques de la société rurale et des partisans intégristes de la théocratie, mais l'Église ne va pas tout à fait à contre-courant du siècle. Pour évoquer le traditionalisme du clergé, on cite souvent le fameux sermon de Mᵍʳ Paquet, dans lequel il affirme que la mission des Canadiens français n'est pas d'allumer le fourneau des usines, mais de faire rayonner la pensée. On «oublie» toujours que, dans ce sermon du 23 juin 1902, Mᵍʳ Paquet constate avec plaisir que «nous entrons dans une ère de progrès»; «la richesse n'est interdite à aucun peuple ni à aucune race», déclare-t-il, mais il ne faut pas faire une fin de ce qui n'est qu'un moyen[5].

Ainsi, tout en demeurant conservatrice, l'Église s'ajuste aux nouvelles réalités. Forcée de vivre dans la société industrielle, elle tente maintenant d'y restaurer le christianisme. Tout l'idéal du mouvement de l'Action catholique qui prend son essor à cette période se résume dans cette volonté. À la fin du XIXe siècle, le pape Léon XIII avait incité les catholiques à prendre conscience des problèmes sociaux engendrés par le développement industriel. Craignant davantage le socialisme, il n'avait pas rejeté le capitalisme libéral, mais il en avait dénoncé les abus. C'est cette voie que suivra l'Église québécoise.

Poursuivant des buts religieux et des buts sociaux, l'Action catholique ressemble au mouvement du *Social Gospel* qui se développe alors parmi les anglophones protestants. Mais, tandis que, chez les protestants, l'engagement social des réformistes aboutira à une plus grande laïcisation, chez les catholiques au contraire, l'Action catholique entraîne une cléricalisation accrue. L'Église catholique installe dans ce mouvement sa conception autoritaire et hiérarchique. Les laïcs s'y trouvent soumis à un aumônier, fidèle gardien de l'orthodoxie. Sur toutes les questions sociales, il y a une doctrine à suivre, celle émise dans les nombreuses encycliques papales, lues avec les lunettes conservatrices du clergé québécois.

Dans les stratégies nouvelles, on ne néglige pas les moyens de diffusion. Pour contrebalancer la grande presse et son idéologie libérale, on crée des quotidiens plus ou moins officiellement rattachés aux évêchés. L'École sociale populaire, mise sur pied par les Jésuites, propage, parmi les catholiques instruits, la doctrine sociale de l'Église dans des cercles d'études, des conférences et de nombreuses brochures. On embrigade aussi l'élite de demain. L'Action catholique de la jeunesse canadienne-française apprend aux jeunes des collèges classiques à ne pas s'écarter de la mission catholique et nationale de la «race» canadienne-française en Amérique.

Cependant, il n'y en a pas que pour les élites. Les masses, notamment ouvrières, connaîtront aussi la sollicitude du clergé. Bien sûr, on leur procure des services et, souvent, une aide charitable. En même temps, toutefois, l'Église agit comme stabilisateur social, au grand avantage des groupes dominants. Pour elle, le travail, prescrit par Dieu, est salvateur; on doit dès lors accepter les souffrances qu'il entraîne. Elle prône aussi la soumission à l'autorité et le respect absolu de la propriété privée. Pour contrer l'emprise des syndicats internationaux sur les travailleurs canadiens-français, elle favorise l'émergence de syndicats catholiques dont chacun sera doté d'un aumônier et qui endosseront la doctrine sociale de l'Église sur la question ouvrière. Récusant les grèves comme moyen d'action, les syndicats catholiques reçoivent ainsi comme mot d'ordre la bonne entente entre employeurs et employés. Les patrons doivent être paternels, justes et charitables, mais ils sont à la fois juge et partie; les ouvriers doivent... travailler.

Cette forme de syndicalisme restera toujours minoritaire au Québec et sera davantage répandue en province qu'à Montréal. Les syndiqués catholiques n'obéiront pas constamment aux prescriptions cléricales. Ils feront la grève, à l'occasion, mais moins souvent que les travailleurs des syndicats internationaux. C'est ainsi que certains historiens ont pu écrire que, loin d'avoir entravé l'industrialisation, l'Église l'a, au contraire, favorisée en procurant aux entrepreneurs une main-d'œuvre docile. Pour sa part, l'abbé Edmour Hébert, aumônier syndical, s'en vante:

> ...plusieurs manufacturiers des États-Unis et même des provinces canadiennes de langue anglaise songent à venir s'établir dans notre province parce qu'ils considèrent que l'esprit d'ordre, le respect de l'autorité, la constance au travail que donne à nos populations ouvrières la fidélité à leurs principes religieux et à leurs traditions nationales sont une garantie de stabilité et de sécurité pour leurs industries[6].

Même si elle consolide la domination des patrons, l'Église ne se met pas pour autant à leur service. L'idéal s'énonce comme suit: «... la main de l'ouvrier unie à celle du patron entre les mains du prêtre[7]». Comme toujours, l'Église demeure à son propre compte dans toutes ses entreprises.

S'il y a des syndicats acceptables et d'autres qui ne le sont pas, il y a aussi, on le verra, un bon féminisme et un mauvais.

Le féminisme, premières versions

C'est d'abord chez les Canadiennes anglaises que s'implante le féminisme. Fondé en 1893, le Montreal Local Council of Women (MLCW) — filiale d'un organisme pancanadien — ambitionne de regrouper les nombreuses associations féminines, religieuses ou laïques, qui œuvrent dans le champ social. Les premières féministes sont ainsi issues du milieu réformiste urbain qui se développe au tournant du siècle. La plupart ne remettent pas en question les rôles traditionnels des hommes et des femmes. Leur engagement social se situe, au contraire, dans le prolongement de leur rôle féminin et maternel. Et c'est à ce titre, pour mieux assumer leurs responsabilités, qu'elles réclament des droits égaux. Au MLCW, comme dans l'ensemble du mouvement réformiste, on se soucie de la santé publique, de la mortalité infantile, du logement ouvrier, du travail des femmes et des enfants, de la délinquance juvénile, de l'éducation, de l'alcoolisme, etc. On ajoute néanmoins une préoccupation spécifique à l'égard des droits civils et politiques des femmes — amélioration de leur condition juridique et droit de suffrage — et on réclame l'accès des femmes à l'enseignement supérieur et aux carrières professionnelles.

Le MLCW réunit des bourgeoises, le plus souvent protestantes, qui en ont assez du rôle de dames patronnesses. Sans délaisser la philanthropie et les bonnes œuvres, elles veulent maintenant s'instruire et voter. Le milieu canadien-anglais manifeste plus d'ouverture quant aux droits des femmes. Ainsi, le réseau scolaire protestant permet aux Canadiennes anglaises de faire des études de niveau supérieur, et l'université McGill accepte les filles. C'est là qu'on retrouvera quelques *new women,* comme on appelait à l'époque cette première génération de femmes diplômées et leaders un peu plus radicales dans le mouvement féministe.

Bien que très minoritaires, les Canadiennes françaises de même milieu social fréquentent aussi le MLCW depuis sa fondation. Au cours de la première décennie du XXe siècle, on assistera pourtant à une séparation. Les Canadiennes françaises découvrent alors le féminisme chrétien, c'est-à-dire le féminisme éclairé par la doctrine sociale de l'Église. Convaincues d'apaiser ainsi l'hostilité du clergé, Caroline Dessaulles-Béique et Marie Lacoste-Gérin-Lajoie fondent, en 1907, la Fédération nationale Saint-Jean-Baptiste (FNSJB) pour rassembler les associations féminines canadiennes-françaises et catholiques.

L'évêque de Montréal accepte la nouvelle fédération, non sans en fixer les limites: «... ce n'est pas dans vos assemblées, précise-t-il, que l'on entendra parler de l'émancipation de la femme, de ses droits méconnus, de la part trop obscure qui lui est faite dans la vie». Le bon féminisme, selon Mgr Bruchési, sera celui qui poursuivra «les nobles causes dans la sphère que la Providence a assignée» à la femme[8]. En se séparant du MLCW, la FNSJB s'éloigne du courant laïque et progressiste des féministes protestantes. Les féministes catholiques passeront assez vite sous la sujétion de l'Église et, dans les années 1920, le mouvement s'étiolera.

Malgré tout, en 1908, les Canadiennes françaises obtiennent, de haute lutte, l'ouverture d'un premier collège classique, voie d'accès aux études universitaires. Les corporations professionnelles continuent pourtant de fermer leurs portes aux femmes. Par exemple, le barreau les refuse jusqu'en 1942. La société québécoise accorde alors beaucoup plus d'attention au développement des écoles ménagères, formation perçue comme plus appropriée à la «nature» des femmes et à la sauvegarde du mariage et de la famille.

Tant qu'elles s'occupent de bonnes œuvres (et, anglophones comme francophones, elles le font intensément), les féministes ne dérangent pas trop. On veut bien les laisser élargir quelque peu leur sphère d'influence, si elles ne la quittent pas. Par contre, la revendication du droit de vote suscite une opposition féroce de la part du clergé et de ses partisans, tout comme de la part de la majorité des hommes politiques. L'Église et l'État, pour une fois unis et unanimes, défendent la forteresse mâle. Accorder le droit de vote aux femmes entraînerait rien de moins que la ruine de la famille et l'éclatement de l'ordre social. Tous les arguments y passent: la nature et la science (il est «prouvé» que les femmes sont inférieures); l'histoire et les traditions nationales (le féminisme est un produit étranger); la famille et la morale (bientôt, ce sera le divorce); finalement, les louanges (la femme est la merveilleuse et indispensable reine du foyer) et les insultes (les suffragettes sont des «monstres», dixit Henri Bourassa).

Les «monstres» obtiennent gain de cause au niveau fédéral en 1917 et 1918, sans trop de difficulté chez les Canadiens anglais; les opposants sont surtout des Canadiens français. Au parlement provincial, toutefois, il faudra attendre encore vingt-deux ans. Bien que les féministes de l'époque, fort «raisonnables», soient loin de se poser en rivales des hommes ni même comme leurs égales — on parle plutôt de complémentarité —, les hommes canadiens-français ont peur de la première brèche.

Pour un certain nombre de Canadiens français, le féminisme n'est toutefois pas le seul danger de l'heure. Si les lieux de pouvoir sont toujours masculins, ils sont aussi largement anglophones.

L'harmonie nationale

La prospérité économique tant admirée au début de ce siècle n'est évidemment pas partagée également, ni entre les classes sociales ni entre les groupes ethniques. Face à ces inégalités sociales ou nationales, les libéraux offrent toujours la même réponse: c'est à chaque individu de prendre son sort en main. Lorsqu'ils constatent que les Canadiens français accusent un retard sur le plan économique, les hommes d'affaires francophones de Montréal leur conseillent, non pas de se replier dans d'autres champs d'activité ou de chercher des solutions collectives, mais plutôt d'imiter les Canadiens anglais dans leur réussite matérielle. Ceux-ci ne sont pas présentés comme des adversaires ou des dominateurs, mais plus souvent comme des modèles avec qui il convient de vivre en bonne harmonie. Dans cette perspective, anglophobes et francophobes sont dénoncés de la même façon: les animosités nationales ne peuvent que nuire au progrès. Le statu quo constitutionnel convient à ces hommes d'affaires: s'ils se méfient des empiètements américains, ils ne veulent ni l'indépendance du Canada ni le resserrement des liens avec la Grande-Bretagne.

Les hommes politiques, qui côtoient forcément — et courtisent — l'un et l'autre groupe ethnique, affichent souvent cette bonne entente officielle. C'est en tout cas la position de Wilfrid Laurier, chef politique particulièrement populaire à l'époque, dont la réussite comme Canadien français à la tête du pays semble témoigner de l'harmonie nationale. Pourtant, rien n'est moins sûr. Les Canadiens français qui adhèrent au nationalisme canadien modéré du leader libéral croient aussi à la notion des deux peuples fondateurs. Ils veulent préserver leur «nationalité» et demandent, selon l'expression de Laurier, «justice égale et droits égaux». Pour leur part, les Canadiens anglais, sans être nécessairement intolérants, estiment que le Canada sera forcément un pays anglais. À la notion de deux peuples fondateurs, ils substituent celle de la majorité et de la minorité.

La forte immigration de la période concourt justement à renforcer la majorité canadienne-anglaise. Comparativement, l'immigration en provenance des pays francophones est dérisoire et les nationalistes canadiens-français ne peuvent s'empêcher de croire qu'on le fait exprès. Quelle influence exerceront les Canadiens français dans la Confédération si leur proportion numérique continue de décroître? À partir de 1905, le Québec n'est plus qu'une province sur neuf, comparativement à une sur quatre en 1867. On s'inquiète dans les milieux nationalistes canadiens-français, surtout chez les intellectuels et chez les clercs. Et cette appréhension entraîne souvent l'intolérance, voire la xénophobie.

Un autre danger provient de la montée de l'impérialisme en Angleterre et au Canada, à la fin du XIXe siècle. Ce renouveau s'inscrit dans une atmosphère d'insécurité: la crainte du déclin de l'Empire britannique, menacé par la montée de l'Allemagne. Reconsidérant sa politique coloniale, la Grande-Bretagne songe alors à resserrer ses liens politiques et économiques avec ses colonies. Dans la métropole se développe le projet d'une Fédération impériale où les colonies britanniques se regrouperaient pour leur défense mutuelle et pour l'adoption d'une politique étrangère et commerciale commune. Ces propos sont accueillis avec enthousiasme par de nombreux Canadiens anglais. L'historien Carl Berger a toutefois montré que l'impérialisme au Canada n'est pas seulement imposé de l'extérieur, par la Grande-Bretagne, mais qu'il s'enracine aussi à l'intérieur, chez les nationalistes canadiens qui, dans les dernières décennies du XIXe siècle, craignent la faillite du Canada et son annexion par les États-Unis[9].

Les impérialistes se recrutent le plus souvent dans les milieux de descendance aristocratique ou dans la grande bourgeoisie, ou encore dans les milieux intellectuels. Admirateurs des institutions britanniques et antiaméricanistes notoires, ils entretiennent une conception très élitiste de la société. Ils favorisent ouvertement une société hiérarchisée, tempérée par une sorte de paternalisme à l'endroit des défavorisés. Mal à l'aise vis-à-vis du monde moderne, trop matérialiste, ils se font volontiers les chantres du mode de vie rural. Ils partagent ainsi certains des idéaux des traditionalistes canadiens-français. Cependant, les impérialistes sont, sauf exception, profondément protestants et, bien souvent, anticatholiques. Plusieurs d'entre eux sont militaristes et rêvent de conquêtes qui agrandiraient l'Empire britannique.

Même les plus traditionalistes des Canadiens français ne peuvent les suivre sur le plan national. Ils ne considèrent pas l'impérialisme comme une forme de nationalisme canadien, mais, au contraire, comme un asservissement à l'Empire. En se faisant le champion de la lutte anti-impérialiste, Henri Bourassa devient une vedette au Québec. En 1899, il s'oppose à ce que le Canada participe à la guerre des Boers en Afrique du Sud. Plutôt que de suivre la Grande-Bretagne dans toutes ses guerres, le Canada doit rechercher la plus grande autonomie possible, tout en conservant le lien impérial. D'autre part, à l'intérieur de la Confédération canadienne, l'autonomie des provinces doit être maintenue et les droits des minorités rigoureusement respectés. Tels sont les deux premiers éléments du programme de la Ligue nationaliste, fondée en 1903 par Bourassa et quelques jeunes journalistes et écrivains. Comme presque tous ses compatriotes francophones à l'époque, Bourassa n'envisage pas l'indépendance du Québec, même à long terme. La nation ne sera pas canadienne-française mais canadienne. La Ligue nationaliste souhaite développer le patriotisme canadien, à ses yeux

> la meilleure garantie de l'existence des deux races et du respect mutuel qu'elles se doivent. Les nôtres [...] sont les Canadiens français; mais les Anglo-Canadiens ne sont pas des étrangers, et nous regardons comme des alliés tous ceux d'entre eux qui nous respectent et qui veulent comme nous le maintien intégral de l'autonomie canadienne. La patrie, pour

nous, c'est le Canada tout entier, c'est-à-dire une fédération de races distinctes et de provinces autonomes[10].

Ce projet ressemble assez à l'idéal de W. Laurier, qui, par contre, doit composer avec la réalité politique. Les compromis de Laurier lui valent l'hostilité des impérialistes d'un côté et des bourassistes de l'autre. Étrange alliance. La défaite de Laurier, en 1911, amène au pouvoir un Parti conservateur moins soucieux d'harmonie nationale.

Au cours de la Première Guerre mondiale, les relations entre Canadiens anglais et Canadiens français vont s'envenimer comme jamais auparavant. Pourtant, en été 1914, la participation à cette guerre — dont, bien sûr, on ne prévoit pas alors l'ampleur — est votée dans une sorte d'enthousiasme par tous les députés fédéraux, sans distinction de partis. Les évêques du Québec l'endossent également, fidèles à leur tradition de loyauté à l'égard de la Grande-Bretagne. Certains d'entre eux s'engagent même dans la propagande de guerre.

Cependant, les tensions et les critiques reprennent vite. Les Canadiens français nationalistes semblent, en effet, beaucoup plus préoccupés par des questions intérieures que par la scène internationale. En 1912, l'Ontario a limité considérablement l'usage du français dans les écoles publiques, avec l'appui de la hiérarchie catholique irlandaise. C'est légal, mais impossible à accepter pour les Franco-Ontariens, vivement encouragés par Bourassa et certains Franco-Québécois. Lorsqu'on reproche aux Canadiens français d'être trop peu nombreux à s'enrôler, les nationalistes font état des droits bafoués de leurs compatriotes en Ontario; ils critiquent également la position d'infériorité des Canadiens français dans l'armée. De là à être accusés de nuire à l'effort de guerre, il n'y a qu'un pas, vite franchi au Canada anglais.

La guerre s'étire et le nombre de volontaires est estimé insuffisant. Le gouvernement impose la conscription, malgré les objections de Laurier, bien au courant de l'hostilité quasi unanime des Canadiens français à ce projet. Plusieurs députés libéraux du Canada anglais laissent alors tomber leur chef. Aux élections fédérales de 1917 (préalablement truquées par les conservateurs qui modifient la loi électorale pour gagner des votes), les partisans de la conscription l'emportent très majoritairement dans le Canada anglais, laissant le Québec presque totalement isolé dans l'opposition. La mise en application de l'enrôlement obligatoire suscite des émeutes violentes à Québec. Au parlement provincial, on en vient même à évoquer l'idée de la séparation du Québec. Le frisson est de courte durée chez les hommes politiques, mais les années de la Première Guerre mondiale marqueront vivement l'évolution du nationalisme au Québec.

Au Québec francophone, le sentiment d'appartenance nationale est toujours présent, comme en osmose. De temps en temps, il éclate, à l'occasion de crises, lorsque la survie du groupe paraît menacée. Les Canadiens français resserrent alors les rangs et ils ont tous l'air de vibrer au même nationalisme. Pourtant, c'est faux. La valeur nationale s'insère dans l'idéologie globale des uns et des autres.

Étant donné que l'Église a tellement lié la question nationale à la question religieuse, on a souvent tendance à croire que tous les nationalistes de l'époque, parce que catholiques, adhéraient à l'idéologie cléricale. Certes, lorsque Henri Bourassa affirme, en 1910, que «la langue est la gardienne de la foi», il réjouit tous les évêques du Québec. Mais d'autres nationalistes, tel Olivar Asselin, défendent la langue française et la nation sans soumettre les destinées de celle-ci à la tutelle cléricale. Bourassa et Asselin se rejoignent dans l'anti-impérialisme, mais le premier développe un projet de société à l'intérieur du cléricalisme, tandis que le second accorde son nationalisme avec un projet libéral. Et Asselin n'est pas une exception parmi cette petite bourgeoisie d'intellectuels ou de membres des professions libérales à laquelle on a bien trop généralement accolé l'étiquette de «clérico-nationaliste». Il faudra poursuivre les recherches.

Sans tomber dans le travers de voir des libéraux partout, on est forcé de constater l'emprise de cette idéologie sur les milieux laïques dirigeants, tant francophones qu'anglophones, et sa diffusion dans une large partie de la presse quotidienne à grand tirage. Le Parti libéral, qui reçoit constamment l'appui de la majorité des électeurs, poursuit le développement de la société industrielle comme il s'est amorcé au XIXᵉ siècle. Malgré l'appel des réformistes, il reste peu conscient des ravages sociaux du développement capitaliste.

Par ailleurs, la doctrine sociale de l'Église ne menace pas beaucoup la société bourgeoise. D'une part, même si elle soumet le développement matériel à des priorités d'ordre moral et à des valeurs collectives, l'Église ne s'y oppose pas. D'autre part, foncièrement respectueuse de la propriété privée et de l'autorité établie, elle conforte souvent les propriétaires dans leurs privilèges. Il y a certes beaucoup de connivence entre ces deux formes de conservatisme, le libéral et le clérical, qu'il ne faut pourtant pas confondre.

CHAPITRE 5

Les contestations de l'entre-deux-guerres

L'entre-deux-guerres est l'époque des remises en question. Au cours des années 1920, désenchantés de «l'harmonie nationale», un groupe d'intellectuels de tendances diverses revendiquent pour les Canadiens français une meilleure place au soleil. Mais c'est surtout la Crise qui provoque une explosion de critiques et occasionne la formulation de nouveaux projets de société. Pourtant, le vieux libéralisme résiste.

Une critique nationaliste

Après la Première Guerre mondiale, une nouvelle vedette supplante Henri Bourassa comme chef de file des nationalistes cléricaux. L'abbé Lionel Groulx n'a pas le charisme de son prédécesseur, mais il mettra autant d'énergie à défendre la cause nationale. Cette fois, cependant, c'est un nationalisme canadien-français qui prend forme. En 1917, Groulx joint les rangs de la Ligue des droits du français, fondée quelques années plus tôt et qui se dote alors d'un nouvel organe, *L'Action française*, dont Groulx prend bientôt la direction.

Après un demi-siècle de fédéralisme, le bilan semble négatif du point de vue canadien-français. Le Canada si profondément divisé va-t-il survivre? Flirtant un moment, en 1922, avec l'idée de l'indépendance politique (une future Laurentie?), *L'Action française* rejoint pourtant, en 1927, ce qui demeure le point de vue largement majoritaire au Québec, c'est-à-dire la revendication d'un plus grand respect des droits de la minorité canadienne-française dans le cadre de la Confédération canadienne. Ce n'est donc pas vraiment sur le plan politique que la revue se distingue, mais plutôt sur le plan économique.

Sans être entièrement neuf, le discours économique des nationalistes des années 1920 paraît nettement plus insistant que durant la période précédente. *L'Action française* enquête et met en évidence la faiblesse économique des Canadiens français. Elle dénonce le gouvernement Taschereau qui laisse les investisseurs étrangers s'emparer des richesses québécoises. À son point de vue, le développement économique devrait tenir compte des intérêts de la collectivité nationale, quitte à retarder cette industrialisation excessive dont les résultats les plus nets lui semblent l'anglicisation, l'américanisation et l'assujettissement de la société canadienne-française. La question nationale est devenue une question économique et les appels à la solidarité sur ce plan se multiplient.

Même si l'on y retrouve, à l'occasion, des envolées poétiques sur les vertus et les beautés de la vie champêtre, ainsi que des couplets moralisateurs sur les dangers de la ville, *L'Action française* ne s'oppose ni à l'industrialisation ni à l'urbanisation. Le développement économique est nécessaire, mais il faut l'infléchir, selon une échelle plus réduite et à un rythme auquel les Canadiens français pourront s'accorder. Plusieurs continuent de voir dans l'agriculture la source des traditions nationales et dans la colonisation le remède à l'émigration des Canadiens français vers les États-Unis, qui a repris de plus belle après la guerre. Quelques partisans de l'équilibre entre la ville et la campagne recherchent par contre dans le maintien d'un secteur agricole important un réservoir éventuel de capitaux pour le développement de petites entreprises canadiennes-françaises.

La pensée économique de *L'Action française* n'est donc pas univoque. Certains de ses collaborateurs conservent une conception plutôt libérale du rôle de l'État. Édouard Montpetit, par exemple, se définit comme un «catholique social libéral». D'autres, comme Esdras Minville, souhaitent une planification et un plus grand interventionnisme si les besoins de la collectivité l'exigent. Sur la question de l'éducation, tous ne sont pas non plus sur la même longueur d'onde. Ainsi, le frère Marie-Victorin invite les responsables de l'éducation à favoriser par tous les moyens le développement des sciences et des vocations scientifiques. Mais, aux côtés des partisans d'une éducation «moderne», d'autres ne voient pas la nécessité de changements dans ce domaine.

Quelques collaborateurs sont des collaboratrices qui, en plus d'endosser le traditionnel rôle de mères — et de mères prolifiques —, ajoutent à leur fardeau la mission nationale de maintenir les traditions et d'inculquer à leurs enfants un sain patriotisme.

Si la famille occupe une place centrale dans la doctrine nationale que Groulx distille dans *L'Action française*, c'est la religion catholique qui en constitue le cœur. «Les Canadiens français seront catholiques, ou ne seront pas. C'est dire comme la foi en Dieu, la fidélité au Pape tiennent à l'essence même de notre être», écrit Jules Dorion[1]. Aux côtés de la pensée romaine, Groulx trouve beaucoup d'inspiration dans la pensée traditionaliste française, en particulier celle de Maurice Barrès. Pour lutter contre l'évanouissement de la nation dans un monde matérialiste qui lui est étranger, il fait aussi appel à l'histoire. Facteur d'identité nationale et source de fierté, l'histoire assure la continuité: *Notre maître, le passé*, proclame Groulx, l'historien nationaliste.

L'Action française rassemble des membres des professions libérales et des membres du clergé. À travers un constant nationalisme canadien-français, la doctrine sociale de l'Église est proposée comme projet global. *Le Devoir*, à Montréal, ou *L'Action catholique*, à Québec, diffusent un discours similaire. Qu'ils soient davantage nationalistes ou davantage cléricaux, plus ou moins traditionalistes, et parfois libéraux, ces intellectuels de la petite bourgeoisie renvoient souvent une image pessimiste de leur environnement. Une fraction de l'élite serait en train de perdre pied? Sans doute, même si c'est la nation tout entière qui leur paraît en danger. Tiraillés entre le changement et la tradition, les nationalistes de *L'Action française* se plaignent eux-mêmes, à la fin de la décennie, d'être peu suivis par leurs compatriotes. L'ennemi n'est pas seulement l'étranger, constatent-ils avec amertume, il est à l'intérieur, au sein même de la société canadienne-française, en particulier parmi son élite politique.

Quoi qu'en disent les nationalistes, le Parti libéral de Louis-Alexandre Taschereau n'est pourtant pas insensible à la question nationale. La promotion de l'enseignement commercial et technique vise justement à faciliter l'insertion des Canadiens français dans le monde des affaires et dans la société industrielle, le seul avenir possible à leur avis. Pas question, cependant, de freiner ce développement. L'industrie crée des emplois: «J'aime mieux importer des dollars américains qu'exporter des Canadiens aux États-Unis[2]», rétorque Taschereau aux nationalistes. Et les électeurs continuent de soutenir le Parti libéral.

Un bon nombre de citoyens, à Montréal tout au moins, ne semblent pas s'alarmer outre mesure de l'américanisation de leur société. Les modes de vie changent; la presse se développe comme un média de masse; le cinéma et le théâtre populaire attirent des foules; la commercialisation des loisirs s'installe et les urbains en profitent, en dépit des exhortations du clergé. Cette «américanisation» convient peut-être à leur «américanité»?

«Bête noire» des nationalistes, le premier ministre du Québec a parfois maille à partir avec la hiérarchie catholique. Par exemple, en 1921, le gouvernement libéral décide de subventionner de façon régulière les institutions privées d'assistance sociale qui accueillent des indigents inaptes au travail, ce qui ne va pas sans lui laisser un certain droit de regard sur l'utilisation de ces fonds publics. Le clergé s'offusque de ce qui lui apparaît une ingérence de l'État dans le domaine de la «charité libre», mais, avec quelques accommodements, il doit s'y résigner. À l'image de ses prédécesseurs, Taschereau maintient la sphère politique en dehors de la gouverne cléricale, tout en recherchant la bonne entente. Il est bien davantage à l'écoute des milieux d'affaires, et les timides mesures sociales de son parti ne s'écartent pas du credo libéral classique.

Les remises en question des années 1930

La Crise, brutale, dure et prolongée, vient pourtant démentir le bel optimisme libéral. Les plus traditionalistes — qui l'avaient bien dit — ressortent leurs vieilles solutions comme la colonisation et le retour à la terre. On moralise:

> Le monde souffre des conséquences de l'extravagance, de l'iniquité sociale et économique, de l'égoïsme individuel et collectif pratiqués particulièrement au cours des années qui ont précédé la crise, avant, durant et après la guerre. [...] Pour préparer le retour des jours meilleurs, c'est cette doctrine sociale de l'Église qu'il faut répandre. [...] Nous n'avons rien à attendre du capitalisme sans entrailles, d'un capitalisme brutal, ni du socialisme dégradant et abrutissant. [...] Ce qui nous sauvera, ce qui sauvera le monde, c'est le retour aux vieilles vertus de tempérance, de justice et de charité[3].

Les excès matérialistes du système libéral ont, paraît-il, engendré la décadence des mœurs. Mais la dépression ravive aussi la peur du communisme, système perçu comme encore plus immoral. Les communistes ne veulent-ils pas détruire la famille et la religion en même temps que la propriété privée? Tel est du moins l'avis des animateurs de l'École sociale populaire, champions de l'anticommunisme durant ces années. Une pléthore de brochures, et même un petit *Manuel antibolchevique*, des conférences et des colloques alertent l'opinion contre cette menace. Les évêques sont tout aussi alarmés. À Québec, le cardinal Villeneuve jette l'anathème sur «l'armée des sans-Dieu» et *L'Action catholique*, journal officieux de l'archevêché, affiche un anticommunisme virulent. À Montréal, Mgr Gauthier enjoint à ses curés de bien veiller à ce que leurs ouailles — de plus en plus frappées par le chômage — ne soient pas contaminées. Il faut ajouter que les gouvernements ne sont pas en reste, et l'appareil judiciaire — d'abord au niveau fédéral avec le Code criminel, puis au niveau provincial avec la *Loi du cadenas* — se joint à la propagande cléricale pour museler les communistes. Pourtant, pourrait-on dire, les communistes au Québec font sans doute bien plus de peur que de mal... Malgré une recrudescence de leurs activités durant les années trente, ils restent marginaux, en particulier chez les Canadiens français.

Le socialisme qui, en 1932, se dote d'un parti, la CCF (Cooperative Commonwealth Federation) est-il plus acceptable? Non, répond Mgr Gauthier, pour qui, du socialisme au communisme, ce n'est qu'une question de temps... Les socialistes de la CCF, à vrai dire, sont plutôt sociaux-démocrates, mais l'Église ne fera pas la nuance. Trop matérialiste pour l'Église, la CCF se révèle aussi trop partisane d'un fédéralisme centralisateur pour les nationalistes canadiens-français.

On se rend bien compte, cependant, que dénoncer le communisme et le socialisme ne suffit pas. Il faut des réformes, un remède à la crise, une «Restauration sociale». C'est sous ce titre que paraît, en 1933, un programme élaboré par un regroupement de clercs, liés à l'École sociale populaire, et par une dizaine de laïcs, issus des milieux nationalistes. Reprenant l'opinion émise par le pape Pie XI dans son encyclique *Quadragesimo Anno* de 1931, le Programme condamne nettement le socialisme, système intrinsèquement mauvais, tandis que le système capitaliste, «bon dans son essence», est déclaré abusif et injuste. La «Restauration sociale», c'est donc la réforme de l'ordre social capitaliste, l'implantation d'un capitalisme plus humain, maîtrisé par l'organisation professionnelle et corporative.

Le corporatisme social devient alors le nouvel idéal des cléricaux réformistes et de nombreux nationalistes canadiens-français. Toujours fidèles à l'harmonie entre le capital et le travail, les «restaurateurs» croient trouver dans l'organisation corporative, où patrons et employés seraient regroupés selon le métier ou la profession, un moyen concret d'assurer la collaboration des classes et la réconciliation d'intérêts que le système individualiste libéral maintient en conflit. Partant de la base, la structure pyramidale serait coiffée par un Conseil économique provincial et interprofessionnel. Le rôle de l'État y paraît fort limité, en tout cas subordonné à l'organisation corporative.

Harmonie, ordre, mais aussi justice. Selon Esdras Minville, l'un des signataires du Programme, le corporatisme permettrait de lutter contre «l'excessive centralisation des richesses» et contre «l'organisation anarchique de la production». «La politique sociale et économique ne serait plus dictée par des coteries, par des puissances financières, écrit-il, mais par une vaste coalition de toutes les forces sociales et nationales[4].»

Le corporatisme possède une autre vertu: ce sont les Canadiens français qui domineraient les corporations. Surtout s'il s'épanouissait dans le coopératisme, c'est-à-dire la propriété et l'exploitation collectives des entreprises, le corporatisme deviendrait un véritable moyen de reconquête économique.

Irréaliste, ce projet de société? Les promoteurs de «l'ordre nouveau» ne s'attendent pas, en tout cas, à ce qu'il s'implante rapidement. Si le coopératisme agricole connaît quelques succès, le corporatisme restera lettre morte. Certains intellectuels cléricaux et nationalistes s'en délectent pourtant durant une quinzaine d'années. Le «Programme de restauration sociale» ne prévoit pas seulement le corporatisme. C'est aussi un véritable catalogue de revendications diverses. L'agriculture demeure, dit-on, la base de toute restauration sociale; il faut donc soutenir la petite production agricole, de même que les petites industries de transformation agricole. On réclame des pensions de vieillesse, des allocations aux mères nécessiteuses, la réglementation des heures de travail, un salaire familial et ... le retour de la femme au foyer. Il faut lutter contre les trusts, en particulier les monopoles de la production ou de la distribution du gaz, du charbon et de l'électricité. Il faut surveiller les banques et les partis politiques, et empêcher la mainmise des premières sur les seconds.

Bref, il y en a un peu pour tout le monde; il n'est dès lors pas étonnant que ce programme soit approuvé par les évêques, par les milieux nationalistes (de la Société Saint-Jean-Baptiste aux Jeune-Canada), par les syndicats catholiques et par l'Union des cultivateurs catholiques. Il sera largement diffusé par les Jésuites de l'École sociale populaire et de la revue *L'Ordre nouveau*, par *L'Action nationale, Le Devoir* et la revue de l'École des HEC, *L'Actualité économique*.

La Crise entraîne une recrudescence du nationalisme canadien-français, un nationalisme pourtant associé à divers courants idéologiques. Les plus traditionalistes persistent à voir le salut de la nation dans le rétablissement de la société rurale et catholique. Mais la plupart, moins passéistes, s'accommoderaient bien d'une société «moderne», si elle était leur. Le capitalisme libéral paraît, bien souvent, moins dénoncé pour lui-même que parce qu'il est dominé par les étrangers. Pour contrer la concurrence des Anglo-Saxons et des Juifs, les nationalistes proposent d'imiter leur sens de la solidarité: ils lancent des campagnes d'«Achat chez nous». Et, alors que les trusts sont en train de tout envahir, le laisser-faire de Taschereau sur ce point est perçu comme une trahison.

Déçus de leurs aînés et de leurs élites politiques, les jeunes s'insèrent dans les débats de cette décennie. Comme d'autres à cette époque, André Laurendeau, du groupe «Jeune-Canada», réclame un chef: «Nous demandons à la Providence de nous envoyer cet homme qui nous tirera du désarroi social et national, qui nous arrachera d'entre les mains des puissances d'argent, d'entre les trusts accapareurs; il nous faut un vrai Canadien français, cent pour cent, qui aime sa patrie et la sauve[5].» Ces jeunes sont des admirateurs de Lionel Groulx dont l'influence continue à se faire sentir chez les nationalistes.

D'autres, comme les «Jeunesses patriotes», s'orientent vers l'indépendance. Les revues *Vivre* et *La Nation* préconisent, en plus du séparatisme, une orientation fasciste à la Mussolini. Antiséparatiste et admirateur de Hitler, Adrien Arcand fonde, quant à lui, un parti nazi à l'antisémitisme haineux.

Si l'antisémitisme n'est pas toujours aussi débridé, il est certes très perceptible dans la société québécoise de l'époque. Les Juifs deviennent des boucs émissaires qui représentent tout ce que les traditionalistes condamnent: matérialistes et socialistes, dit-on, ils menacent la foi comme la nation. L'antisémitisme est manifeste dans la lutte contre le communisme. Toutefois, l'un comme l'autre ne sont pas l'apanage des nationalistes plus ou moins traditionalistes. Dans d'autres milieux, l'antisémitisme se fait plus discret mais bien présent. À McGill, tout autant qu'à l'Université de Montréal, on cherche à réduire l'admission des étudiants juifs. Les grands partis politiques, tant fédéraux que provinciaux, n'auront aucune sympathie pour les victimes du nazisme. L'ouverture et la tolérance ne sont pas les premières caractéristiques de cette décennie perturbée.

Sans être ostracisées, les femmes sont également laissées pour compte. Année après année, les féministes réclament le droit de vote. En vain. Les partis politiques et l'Église s'y opposent fermement, mais aussi plusieurs femmes. Les Cercles des fermières ont à ce moment bien davantage de popularité que les féministes. Fondé en 1915, c'est sans doute le plus grand regroupement de femmes à l'époque. Leurs objectifs s'alignent sur ceux des plus traditionalistes: garder la femme au foyer; améliorer ses qualités de ménagère; rendre la vie rurale agréable et prospère pour que les Canadiens français ne désertent pas la terre. Et les dirigeantes des Cercles des Fermières rendent hommage à Taschereau pour son refus d'accorder aux femmes le suffrage qui menace la famille.

En 1930, la commission Dorion sur les droits civils de la femme propose d'apporter quelques modifications au Code civil, comme reconnaître aux femmes mariées le droit à leur propre salaire. Mais, sous prétexte de protéger la famille, on réaffirme l'autorité maritale et paternelle. Les femmes mariées devront attendre 1964 pour perdre complètement leur statut de mineures sur le plan juridique. Après tout, écrivent les commissaires, si le droit ne change pas, c'est que «la femme n'a pas elle-même évolué essentiellement. Créée pour être la compagne de l'homme, elle est toujours, et par-dessus tout, épouse et mère[6]».

Le libéralisme malgré tout

La Crise modifie-t-elle le discours libéral? À peine, et ce, tout au long de la décennie. Ce qui caractérise le libéralisme québécois — contrairement aux expériences britannique et américaine, pourtant ses modèles —, c'est justement de ne pas vraiment changer durant les années trente. Voyons pourquoi.

À l'instar des dirigeants canadiens et américains, le gouvernement du Québec sous-estime d'abord aveuglément l'ampleur de la dépression. Il faudra une misère profonde et de sévères critiques pour qu'il abandonne son habituel laisser-faire. Petit à petit, l'État intervient tout de même: il entreprend des travaux publics pour procurer des emplois aux chômeurs; il endosse — très modérément sous Taschereau et davantage avec Duplessis — des programmes de colonisation; enfin, il soutient directement les plus démunis. Mais toutes ces interventions, d'ailleurs bien insuffisantes, sont légitimées uniquement comme des palliatifs de la Crise. Ces dérogations à l'orthodoxie libérale sont perçues comme temporaires. Tout devra revenir à la normale quand la dépression sera terminée. De la même façon, quoique la Crise entraîne des déficits budgétaires, l'idéal administratif demeure celui de l'équilibre des revenus et des dépenses.

Il faut se rappeler que, s'ils critiquent le système libéral, les traditionalistes et la plupart des nationalistes ne veulent pas, sauf dans le cas de la colonisation, d'une plus grande intervention permanente de l'État, ce qui, à leurs yeux, serait une solution socialiste. Dans *Le Devoir*, en 1932, on souhaite que, une fois le fléau passé, «le peuple canadien s'éloigne du paternalisme gouvernemental à la première occasion et que les individus retrouvent la confiance et l'ambition de leurs pères qui savaient se tirer d'affaire seuls[7]».

Les leaders syndicaux catholiques endossent le corporatisme pour régler les problèmes sociaux, tandis que les syndicats internationaux se méfient d'un État qui jouerait le rôle de «père nourricier de tous les citoyens» et prendrait la place des syndicats. Le syndicalisme de métier, en particulier, préfère améliorer la condition sociale de ses membres par la négociation de meilleures conventions collectives plutôt que par des lois.

Mis à part la petite minorité socialiste et communiste, il se dégage une sorte d'unanimité contre l'«étatisme». On se rallie à des mesures ponctuelles qui ne sortent pas des cadres idéologiques antérieurs. Il ne faut surtout pas encourager les fainéants; le travail reste une vertu chrétienne autant que libérale. Malgré la Crise, c'est encore l'époque de l'assistance sociale où l'État ne fait que soutenir la charité privée. Tant le libéralisme que le cléricalisme s'écartent de la sécurité sociale, selon laquelle le bien-être d'une population n'est pas uniquement une responsabilité individuelle, mais constitue une responsabilité collective assumée par l'État.

Ce point de vue ressort nettement de la presse à grand tirage dont on a trop longtemps négligé l'étude pour ne regarder que les seuls périodiques nationalistes et cléricaux, d'une part, ou socialistes et communistes, d'autre part. C'est encore l'orthodoxie libérale classique que diffusent *La Presse* et *La Patrie*, *Le Soleil*, *The Montreal Daily Star* et *The Gazette*, et d'autres journaux à tirage moindre, comme *Le Canada*, *L'Ordre*, *Le Jour*. On trouve une presse de même obédience à Sherbrooke, à Hull, à Trois-Rivières, à Saint-Hyacinthe et à Sorel.

Souvent liée au Parti libéral, cette presse exprime en même temps le point de vue des milieux d'affaires tant francophones qu'anglophones. Elle ne décrit pas le système capitaliste et libéral comme étranger aux Canadiens français. Au contraire, c'est le monde dans lequel il faut s'insérer davantage et qu'il faut préserver à tout prix. La démocratie parlementaire libérale lui convient et elle rejette le totalitarisme fasciste ou communiste. *La Presse* approuve Taschereau qui résiste

> à la tendance de faire intervenir l'État partout et en tout temps. [...] Le gouvernement, déclare-t-elle, embrassant moins, pourra mieux s'acquitter de ses devoirs et il coûtera moins cher aux contribuables, tandis que l'initiative particulière pourra s'exercer sans entraves inutiles et favoriser ainsi le progrès[8].

Oui, le «progrès», en 1934, et toujours le même...

Lorsque le gouvernement fédéral du conservateur R. B. Bennett, à la suite du *New Deal* américain de Roosevelt, proposera un programme de mesures sociales, comportant, entre autres, l'instauration de l'assurance-chômage, les libéraux (au sens du Parti et au sens idéologique) seront très réticents, voire hostiles à cette modification du rôle de l'État. Dans les milieux nationalistes canadiens-français, on s'y opposera aussi à cause de l'empiètement fédéral sur un terrain de compétence provinciale. Défenseur de l'autonomie provinciale, Maurice Duplessis, premier ministre du Québec à partir de 1936, concevra le rôle de l'État à la manière de ses prédécesseurs.

C'est probablement le scandale de la corruption et du népotisme de son régime qui fait chuter Taschereau, bien plus que les promesses de changement et de renouveau de l'Union nationale. Ayant pris le pouvoir à la faveur d'une alliance avec l'Action libérale nationale (ALN) — un groupe de dissidents du Parti libéral —, Duplessis néglige de larges pans de leur programme commun. Ce programme, essentiellement élaboré par l'ALN, était, en fait, une version un peu plus nationaliste du Programme de restauration sociale de 1933. Bernés et déçus, la plupart des membres de l'ALN quitteront assez vite l'Union nationale.

Duplessis laisse, en effet, tomber le projet de nationaliser l'électricité cher à l'ALN, tout comme il oublie le corporatisme. Il se constitue une clientèle électorale durable chez les agriculteurs avec des mesures comme le crédit agricole et l'électrification rurale. Les nationalistes traditionnels se réjouiront de sa lutte contre la centralisation fédérale, tandis que le clergé appréciera sa défense des traditions religieuses et appuiera sa fameuse *Loi du cadenas* visant à interdire toute propagande communiste. Duplessis manifeste une conception bien cavalière de la démocratie et de la liberté d'expression; par contre, sur le plan économique, il reste fidèle au vieux libéralisme.

La Crise apparaissait comme la faillite du libéralisme aux yeux de la gauche et aux yeux du clergé. Mais, entraînant dans son sillage une large partie des nationalistes canadiens-français, l'Église n'offre essentiellement qu'une critique moralisatrice du libéralisme, qu'elle décrit comme égoïste. Tout en voulant réduire les abus engendrés par le système libéral, l'Église persiste à croire que les inégalités sociales sont inévitables. Elle présente l'utopie corporatiste comme une troisième voie entre les outrances du libéralisme et l'horreur du socialisme. Mais, à vrai dire, elle ne s'éloigne pas beaucoup des libéraux. Édouard Montpetit fait remarquer que «les solutions libérales et catholiques se rapprochent [...] quand elles s'opposent aux excès de l'étatisme et aux réglementations qui auraient précisément pour conséquences d'enchaîner les forces individuelles[9]». Il faut aussi souligner que l'antiétatisme corsète le nationalisme canadien-français de cette époque, qu'il soit libéral ou clérical.

Par ailleurs, l'Église combat davantage les socialistes et les communistes qui, sous prétexte de diminuer les inégalités, mettent en danger tous les droits individuels (et, bien sûr, ceux de l'Église). Dans le contexte des années trente, cette lutte contre la gauche évacue un ferment de transformation de la société libérale.

Peu défiés à droite et encore moins à gauche, la plupart des libéraux du Québec ratent un tournant et s'ancrent les yeux fermés dans un libéralisme datant du XIXe siècle.

CHAPITRE 6

Du duplessisme à l'État québécois

Tandis que perdure dans le Québec de l'après-guerre une forme de libéralisme de plus en plus rétrograde, la critique monte dans divers milieux. De nouveaux courants émergent et dessinent l'orientation de la société québécoise d'après 1960. Mais, tant avant la Révolution tranquille qu'après, on s'entendra plus facilement, on le verra, sur la nouvelle manière d'être libéral que sur la nouvelle manière d'être Québécois. Dans les années cinquante, et davantage encore après 1960, le mouvement syndical s'affirme, tout comme le monde patronal. Cependant, une transformation sociale sans doute encore plus profonde viendra des Québécoises.

Un libéralisme désuet

La Seconde Guerre mondiale liquide la Crise. Fini le chômage: certains — et certaines — travaillent dans les usines de guerre; d'autres s'engagent dans l'armée — volontairement, c'est une promesse du gouvernement fédéral de W. L. M. King. En 1942, pour se libérer de cet engagement, les libéraux fédéraux organisent un plébiscite à l'échelle du pays. Ils le gagnent, malgré l'opposition de la très large majorité du Québec francophone, orchestrée par la Ligue pour la défense du Canada, hostile au service militaire obligatoire hors du pays. L'animosité est cependant moins virulente que lors de la Première Guerre. Tout de même, la division nationale est manifeste et, dans ce contexte, s'enracine l'importance de préserver l'autonomie provinciale.

Car le gouvernement fédéral n'apporte pas que la conscription. À la faveur de la guerre, il envahit toute la société et s'ingère directement dans l'économie du pays. En outre, plusieurs hauts fonctionnaires sont devenus adeptes des théories de l'économiste britannique John Meynard Keynes et, ainsi, partisans d'un nouveau rôle de l'État, même en temps de paix. Fini le laisser-faire du libéralisme classique. Dans l'intérêt même de la propriété privée, les gouvernements doivent intervenir pour préserver l'équilibre économique, contrer les crises, protéger l'emploi et le pouvoir d'achat des consommateurs. Cette orientation keynésienne, qu'on appellera ici néolibéralisme, s'accompagne chez certains d'une préoccupation de justice sociale; l'État devrait alors assumer la responsabilité d'une redistribution un peu plus équitable des richesses. Cette nouvelle formulation du libéralisme est donc à la fois sociale et économique.

On peut déceler dans le gouvernement provincial du libéral Adélard Godbout certains signes de cette nouvelle tendance. Ainsi, Godbout accepte le programme d'assurance-chômage; il crée un ministère du Bien-être social; il forme la société d'État Hydro-Québec en nationalisant deux entreprises privées d'électricité; malgré l'opposition du clergé, il instaure l'instruction obligatoire et accorde le droit de vote aux femmes. Mais, au total, il est difficile de distinguer dans ces mesures réformistes une réelle réorientation. Accusé de mollesse vis-à-vis d'Ottawa,

Godbout, qui n'a gouverné que durant la guerre, perd le pouvoir en 1944.

Au niveau fédéral, cependant, l'influence grandissante du néolibéralisme est plus nette; elle entraîne en même temps une recrudescence de la centralisation du fédéralisme contre laquelle luttent plusieurs gouvernements provinciaux, dont celui de Maurice Duplessis.

Duplessis, un libéral? L'expression peut étonner et sans doute est-elle un peu forcée. Elle s'applique pourtant à sa conception du rôle de l'État et de l'organisation économique, ce qui constitue un noyau idéologique important. En fait, l'Union nationale poursuit la politique de ses prédécesseurs du Parti libéral des trois premières décennies du siècle et elle confie le développement économique aux entreprises privées et aux investisseurs souvent étrangers. La prospérité et le progrès (l'Union nationale s'en fait tout autant le chantre) passent par le laisser-faire, ce qui n'exclut pas la générosité de l'État: faibles redevances pour les exploitants des richesses naturelles, exemptions de taxes et privilèges nombreux. L'Union nationale reste imperméable au nationalisme économique, conformément à la logique libérale selon laquelle l'individu l'emporte sur la collectivité.

Aucune valeur ne semble plus importante que celle de la propriété privée et son épanouissement dans la recherche du profit maximum. L'organisation sociale y est subordonnée et une bonne part de l'antisyndicalisme de Duplessis s'explique par la volonté d'assurer le confort des propriétaires en maintenant la loi et l'ordre. Dans ce but, le premier ministre n'hésite pas à faire voter des lois rétroactives, à confondre la chasse aux sorcières communistes avec celle des syndicalistes trop revendicateurs, à retarder par de longues procédures la reconnaissance des syndicats, à multiplier les délais de conciliation et d'arbitrage, étapes obligatoires avant que l'on puisse entreprendre une grève légale, et, enfin, à utiliser la Police provinciale pour casser la moindre agitation.

Il apparaît évident, par ailleurs, que Duplessis ne favorise aucunement le développement d'une société rurale, en dépit de mesures comme le crédit agricole et l'électrification des campagnes. Tout comme la population, il se désintéresse complètement de la colonisation, malgré l'appel de quelques cléricaux nostalgiques. Parce qu'il ne conçoit pas qu'un gouvernement puisse intervenir, planifier, orienter le développement, il laisse la société industrielle et la société de consommation prendre de l'extension. Les accents ruralistes de Duplessis s'interprètent plutôt dans le cadre de l'électoralisme. Utilisant systématiquement le patronage, qu'elle n'a d'ailleurs pas inventé, l'Union nationale garde l'appui du monde rural. Elle maintient un découpage électoral qui préserve ses chances d'élection dans des circonscriptions rurales de moins en moins peuplées, au détriment des droits démocratiques des électeurs urbains. Bien garnie par les bénéficiaires des contrats gouvernementaux, la caisse électorale des «bleus» est utilisée généreusement et sans vergogne en période d'élections. C'est aussi dans ces seules années que le gouvernement s'autorise des déficits, alors qu'il demeure habituellement fidèle à l'orthodoxie de l'équilibre budgétaire. Les fonds publics servent le Parti.

Et l'Église catholique dans tout cela? Certains de ses membres servent aussi le Parti dont le chef si ostensiblement religieux a pu aller jusqu'à dire: «Les évêques mangent dans ma main.» L'Union nationale n'empiète pas sur les chasses gardées cléricales dans les domaines de l'éducation, de l'assistance sociale et de la santé, mais les œuvres de l'Église ont besoin de plus en plus d'argent, un financement que le gouvernement unioniste dispense de façon arbitraire. Liée à Duplessis, la fraction la plus traditionnelle du clergé, avec par exemple Mgr Courchesne de Rimouski ou Mgr Langlois de Valleyfield, écarte son aile réformiste, dont Mgr Charbonneau de Montréal. Elle scelle ainsi son destin: la critique du duplessisme englobera celle de l'Église.

En attendant, si l'Église peut maintenir son emprise sur ce qu'on appelle maintenant les affaires sociales, c'est que Duplessis — comme un libéral d'une autre époque — maintient que ce domaine relève essentiellement de la charité privée. Le gouvernement peut soutenir paternellement cette philanthropie réservée aux plus démunis, mais là s'arrête sa responsabilité. C'est d'abord aux individus de s'occuper d'eux-mêmes.

Duplessis refuse donc la conception de l'État providence qui émane du néolibéralisme... et d'Ottawa. Il s'oppose tout autant aux mesures sociales qu'aux mesures économiques proposées par les néolibéraux. En ces matières, son libéralisme désuet se couvre de l'autonomie provinciale. Par exemple, il refuse le projet fédéral d'instaurer un programme universel d'assurance-maladie parce que cette intervention empiète sur un champ de compétence provinciale, mais il n'a nullement l'intention d'en établir un. Il bloque avec succès l'envahissement du gouvernement central dans les champs de taxation, il interdit aux universités d'accepter l'argent du fédéral, mais il laisse l'enseignement supérieur dramatiquement sous-financé.

La lutte pour l'autonomie provinciale apparaît comme un puissant argument idéologique. Contrer la progression de la centralisation fédérale, c'est, bien sûr, consolider le pouvoir duplessiste à Québec. C'est aussi, disent les nationalistes, préserver l'espace de développement de la culture et de la nation canadiennes-françaises. Cependant, Duplessis, qui dote la province du drapeau fleurdelisé, ne semble pas avoir d'autre projet d'avenir pour cette nation que le statu quo et la poursuite des traditions.

Le nationalisme duplessiste se subordonne à un individualisme libéral qu'on pouvait déjà qualifier de conservateur au XIXe siècle, mais, dans les années 1950, cet anachronisme mérite sans doute l'étiquette d'ultraconservatisme. En outre, le chef de l'Union nationale est un personnage autoritaire, démagogue et peu démocratique. La liberté d'expression ne fait pas partie de son credo «libéral», comme peuvent le constater les communistes, les Témoins de Jéhovah et un peu tous les adversaires du régime, qui deviennent de plus en plus nombreux.

Les néolibéraux et le néonationalisme

C'est à travers la critique des institutions établies qu'émergent dans les années cinquante de nouveaux projets de société ou, plutôt, un seul projet avec des variantes sur la question nationale. Ainsi, il ne faut pas chercher une nouvelle idéologie structurée comme un corpus doctrinal; le néolibéralisme, pas plus que le libéralisme, ne s'est élaboré de cette façon au Québec. La Crise et la Deuxième Guerre mondiale, puis, dans l'après-guerre, la poursuite de l'industrialisation, le développement du secteur des services et, notamment, celui des communications ont transformé la société québécoise et les conditions de vie des hommes et des femmes. Divers groupes sont insatisfaits de l'organisation économique et sociale, de même que de leur position dans le réseau des pouvoirs; parmi eux, les intellectuels, journalistes et universitaires, le milieu syndical et même une partie du monde patronal. Leurs critiques sont diverses, parfois ponctuelles, parfois globales, mais elles s'orientent finalement dans la même direction néolibérale.

Les intellectuels nationalistes se démarquent d'abord. Dans les années 1950, *Le Devoir* n'est plus le quotidien d'H. Bourassa, tout comme *L'Action nationale* n'est plus la revue de L. Groulx. Les nouvelles figures sont maintenant André Laurendeau (un moment leader du Bloc populaire) et Gérard Filion. Avec d'autres intellectuels de leur génération, ils luttent contre le blocage de la société québécoise provoqué par le libéralisme désuet de Duplessis (que, bien sûr, à l'époque, on appelle conservatisme) et par le traditionalisme de l'Église officielle. Ce qui choque ces nationalistes, car ils demeurent des nationalistes canadiens-français, c'est que le nationalisme passéiste de leurs aînés, enrobé dans des discours traditionnels, voire rétrogrades, n'a plus aucune prise sur la réalité sociale. Ils ne veulent plus de cette «nation»-là. «Voilà, constate André Laurendeau en 1948, que s'installe chez nous dans plusieurs secteurs une sorte de divorce entre ce que le langage courant appelle le *social* et le *national* [...]. Notre tâche sera de les accorder, ou plus exactement d'en opérer la synthèse[1].»

Sensibles aux droits des travailleurs, ils proposent une acceptation réelle du syndicalisme et un cadre légal plus juste pour les relations entre capital et travail; ils favorisent des mesures de sécurité sociale; ils réclament une réforme de l'éducation pour accroître la scolarisation générale, pour remodeler les programmes et améliorer la formation des enseignants, mais aussi pour développer l'enseignement supérieur et mettre de l'ordre dans la structure d'ensemble. C'est pour doter l'État provincial des moyens d'implanter ces réformes qu'ils endossent la lutte de Duplessis pour l'autonomie provinciale, et non pour maintenir un système politique abusif et périmé. Ainsi, ils sont les premiers critiques du duplessisme, régime asservi, disent-ils, au capitalisme étranger et dont ils dénoncent le laisser-faire social et économique.

L'antiétatisme, celui de la vieille conception libérale comme celui de l'orthodoxie cléricale, est dénoncé avec vigueur par Michel Brunet, porte-parole de la nouvelle école historique de l'Université de Montréal qui, avec Guy Frégault et Maurice Séguin, commence à supplanter Lionel Groulx. Ce nationalisme nouvelle facture accorde un rôle neuf à l'État, celui d'État providence préoccupé de justice sociale, mais aussi celui d'État des Canadiens français. N'allons pas croire cependant qu'il s'agit déjà d'indépendantisme. Accroître le potentiel politique du Québec pour en faire un moyen de développement pour les Canadiens français se conçoit dans les années cinquante dans le contexte d'un fédéralisme décentralisé.

Si les néonationalistes — qui sont en même temps des néolibéraux — veulent opérer la synthèse du social et du national, ils souhaitent également dissocier du religieux le national et le social. D'une part, ils sont scandalisés par la collaboration malsaine entre l'Église et l'Union nationale que même des membres du clergé commencent à déplorer. Mais, plus globalement, avec les néonationalistes on voit se répandre une profonde remise en cause du cléricalisme — qu'il ne faut pas confondre avec la religion. Influencés par des courants catholiques novateurs en France, représentés par exemple par Jacques Maritain ou par Emmanuel Mounier et la revue *Esprit*, ils sont, sur ce plan, rejoints par plusieurs intellectuels qui, toutefois, expriment un point de vue divergent sur la question nationale.

Au cœur même des entreprises d'origine cléricale, comme l'Action catholique, les laïcs réclament plus de responsabilité et plus d'autonomie; ils ne se contentent plus de participer aux œuvres de l'Église, sous sa tutelle. En 1944, Gérard Pelletier, alors président général de la Jeunesse étudiante catholique (JÉC) déclare:

> L'Action catholique sera intégralement l'affaire des laïques *(sic)* ou elle ne sera pas. Sans doute appartient-il à l'Église de fixer les limites, mais à l'intérieur de ces limites, ce sont les laïques *(sic)* qui pensent, les laïques *(sic)* qui agissent et qui décident. En cette façon, et de cette façon seulement, sera formée une génération de chrétiens émancipés, autonomes, capables de marcher sur leurs propres jambes et de ne pas compter toujours sur le prêtre pour penser, concevoir et agir à sa place[2].

Ce n'est pas seulement la JÉC, mais l'ensemble de l'Action catholique qui évolue de la sorte dans l'après-guerre, ce qui ne va pas sans résistance, certains évêques demeurant très autoritaires. La méthode de l'Action catholique, résumée dans le triptyque «voir-juger-agir», contribue au développement de la rationalité dans l'intervention sociale. Les laïcs font des enquêtes, étudient les situations, cherchent des solutions concrètes. Peu à peu, la connaissance se substitue ou s'ajoute à la seule morale pour l'évaluation des problèmes sociaux.

D'autres milieux, comme celui des coopératives, optent pour la non-confessionnalité. Cette bataille épique est gagnée avec l'appui décisif du dominicain Georges-Henri Lévesque. À l'Université Laval, le père Lévesque, qui dérange les autorités, cléricales comme politiques, dirige contre vents et marées la faculté des sciences sociales. Un processus amorcé durant l'entre-deux-guerres prend forme: l'importance de la connaissance scientifique et rationnelle dans la gestion d'une société. Des intellectuels aux idéologies diverses se retrouvent autour de cette adhésion commune. Dans le sillage des Montpetit ou des Minville, les universitaires des années cinquante réclament le développement des compétences. Déjà, le frère Marie-Victorin, fondateur en 1923 de l'Association canadienne-française pour l'avancement des sciences, avait lié le sort de la nation à la science. Dans cette voie, Jean Désy, diplômé de l'École des sciences sociales de l'Université de Montréal, déclare en 1954: «La destinée de notre peuple qui s'est jouée dans l'enceinte parlementaire au 19e siècle, se joue maintenant à l'université[3].»

Les nouveaux spécialistes de l'économie et de la sociologie adhèrent de plus en plus à la conception néolibérale du rôle de l'État. Réclamer cet État neuf, on s'en rendra bien compte après 1960, c'est en même temps se tailler une place: l'État providence aura besoin d'une fonction publique élargie et, notamment, d'une pléthore d'experts.

Dans cette floraison néolibérale et laïcisante, on trouve aussi la revue *Cité libre* dont on a par la suite exagéré l'importance et, surtout, la singularité. Les citélibristes donnent parfois l'impression de se croire les premiers Québécois à découvrir la démocratie et le libéralisme. Avec une vision très myope de l'histoire québécoise, ils contribuent fortement à enraciner le mythe de l'unanimité idéologique: de l'échec de 1837 jusqu'à la Deuxième Guerre mondiale, les

Canadiens français auraient été engourdis dans un nationalisme ruraliste, clérical et ultraconservateur. «Feue l'unanimité», s'écrient-ils, décrétant ainsi la mort de ce qui n'avait jamais existé.

En fait, comme d'autres dans les années cinquante, les citélibristes luttent contre la démocratie assez pitoyable de Duplessis et contre les traditionalistes cléricaux qui s'acoquinent avec lui. Ils dénoncent l'autoritarisme politique dans les relations de travail et l'autoritarisme clérical dans les institutions profanes, sur la vie intellectuelle et culturelle. Vétuste et inadéquat, le système d'éducation, soulignent-ils, étouffe le sens critique et la créativité. Sans être antireligieux, bien au contraire, ils revendiquent cependant une société laïque et pluraliste. Au nom de la liberté de l'individu, et pour soulager les inégalités sociales et économiques, il faut promouvoir un État rationnel, efficace et interventionniste. Finalement, les citélibristes sont très proches des néonationalistes... sauf sur la question nationale.

À cet égard, *Cité libre* semble incapable d'imaginer autre chose que le nationalisme traditionaliste dont la revue déplore l'effet de sclérose sur la société canadienne-française. Ainsi, toute expression nationaliste devient carrément condamnable, fascisante et incompatible avec la démocratie et la liberté individuelle. Sur le plan constitutionnel, cette position se traduit par une option nette en faveur du fédéralisme canadien — pas forcément centralisateur, cependant —, d'autant plus que c'est d'Ottawa qu'émanent, dans cet après-guerre, les propositions estimées progressistes. Face à une société que ses élites vieillottes maintiennent repliée frileusement sur elle-même, *Cité libre* opte pour l'ouverture au monde. Toutefois, aux côtés des articles des directeurs, Pierre Elliott Trudeau et Gérard Pelletier, on trouve aussi des textes de Marcel Rioux, Pierre Vadeboncoeur et Fernand Dumont qui refusent de séparer l'individu de sa culture propre. «Certains qui sont sortis de la coque nationaliste, écrit F. Dumont, tentent de passer directement à l'humain, sans médiation par la culture, et alors ils se butent à cette solidarité de la conscience et de la culture [...]; et pour tâcher d'être une élite, ils sont des hommes de nulle part[4].»

Où et comment s'enracinera la société néo-libérale désirée? Les jeux ne sont pas encore faits pour les intellectuels de cette génération qui ont, par ailleurs, tout le loisir de lire à la fois *Cité libre* et *Le Devoir*, de même que d'écouter Radio-Canada. L'avènement de la télévision constitue un événement majeur en ce qui a trait à l'ouverture au monde, mais aussi en tant que moyen de communication qui, cette fois et très vite, rejoint une majorité de foyers québécois, à Montréal, à Québec, comme en province. Organisme fédéral, la société Radio-Canada est ainsi émancipée dès le départ de la tutelle duplessiste ou cléricale. L'horizon s'élargit. Les messages deviennent multiples. On n'y regarde pas seulement le hockey. Au réseau francophone, les journalistes, les créateurs et les artistes canadiens-français se voient offrir une tribune et une scène inusitées. La culture se façonne, à la fois canadienne-française et nord-américaine. Et en français. On découvre pourtant que l'anglais domine le nouveau monde des communications et des industries culturelles. La défense de la langue française reprendra de plus belle; elle n'a cependant plus rien à voir avec la religion. Le combat est passé aux mains des intellectuels laïques.

Le mouvement syndical et le monde patronal

Les intellectuels rejoignent également le mouvement syndical en butte au duplessisme. Certains y font carrière, comme le journaliste Gérard Picard et le sociologue Jean Marchand. Sous cette nouvelle direction, les syndicats catholiques entament eux aussi une évolution vers la laïcisation. Ils acceptent maintenant comme membres de plein droit les travailleurs de confession autre que catholique et ils retirent aux aumôniers leur droit de veto. En 1960, la Confédération des travailleurs catholiques du Canada (CTCC) devient la Confédération des syndicats nationaux (CSN); ce nouveau nom reflète la transformation de la centrale durant les années cinquante.

Le changement ne s'arrête pas là. Au sortir de la guerre, les dirigeants de la CTCC abandonnent l'adhésion au corporatisme au profit d'une nouvelle formule: la réforme de l'entreprise. Il s'agit d'une sorte de cogestion enployés-patrons, encore vaguement dessinée, mais qui implique aussi la participation des travailleurs aux bénéfices et même à la propriété. Bien sûr, les patrons s'opposent farouchement à cette innovation; certaines grèves, dont celle de l'amiante en 1949, sont envenimées par cette proposition inorthodoxe. La centrale syndicale reçoit pourtant le soutien d'un groupe de clercs, réunis dans la Commission sacerdotale d'études sociales. Temporairement, ils influencent la hiérarchie catholique et, en 1950, la lettre collective des évêques québécois sur le problème ouvrier endosse l'idée de la réforme de l'entreprise. Mais on dirait quasiment que c'est par erreur. Certains évêques regrettent vite cet appui que condamnent Duplessis et le monde patronal. Les traditionalistes reprennent le dessus et écartent ceux qu'on appelle à l'époque «les catholiques de gauche». Dès 1952, la CTCC abandonne le projet de réforme de l'entreprise et s'éloigne graduellement d'une Église trop proche de ses adversaires. Aux prises avec l'antisyndicalisme duplessiste, la CTCC devient un opposant déterminé du régime. Réclamant une vraie démocratie, la liberté et la justice sociale, son discours reflète de plus en plus les valeurs du néolibéralisme, sans se délester du nationalisme.

Par ailleurs, les syndicats internationaux, divisés en syndicats de métier et syndicats industriels, rassemblent les deux tiers des forces ouvrières. Leurs leaders diffusent d'abord des idéologies diverses, sinon opposées. Dans un premier temps, les syndicats de métier éloignent les communistes et semblent même s'accommoder du duplessisme, tandis que les dirigeants des syndicats industriels restent beaucoup plus perméables au socialisme et appuient, sans succès, le Parti CCF. Toutefois, les deux centrales affiliées au syndicalisme américain fusionnent en 1957 pour devenir la Fédération des travailleurs du Québec (FTQ) qui, depuis lors, évolue vers la social-démocratie.

Les études consacrées aux idéologies ont manifesté peu d'intérêt à l'endroit des milieux d'affaires, tant francophones qu'anglophones. Pourtant, désireux de prendre part aux débats de société, les hommes d'affaires se dotent de nombreuses et actives associations durant les années cinquante.

Par exemple, les petits industriels catholiques se regroupent dans l'Association professionnelle des industriels (API). Très proches de Duplessis, fréquemment invité à leur congrès annuel, ces patrons restent accrochés à la même forme de libéralisme. Ils endossent l'anticommunisme et se montrent effrayés par la puissance syndicale et par tout ce qui paraît menacer la liberté de l'entreprise individuelle, en particulier celle des petites entreprises. Si, par le passé, les travailleurs ont eu besoin d'être protégés, reconnaissent-ils, la législation du travail est maintenant trop partiale à leur endroit: «Il suffit d'être de notre temps pour comprendre, disent-ils, que la faiblesse ouvrière est devenue un mythe[5].» Le meilleur gouvernement semble encore celui qui intervient le moins possible. Toutefois, vers la fin de la décennie, sans devenir plus sensibles aux questions sociales, les industriels de l'API changent d'avis en ce qui a trait au domaine économique, si l'on en juge par cet extrait d'un discours de leur président en 1959:

> Il faut que l'État provincial se rende compte une bonne fois de ses responsabilités économiques, qu'il mesure la puissance de ses moyens d'action. Il importe qu'il s'engage résolument dans une planification économique qui n'est aucunement la prise en charge par l'État de l'activité économique, mais uniquement l'élaboration d'un plan directeur qui nous éloignera de la politique de l'à peu près que nous avons suivie jusqu'à maintenant[6].

La Chambre de commerce de la province de Québec double le nombre de ses membres entre 1945 et 1960, moment où, selon l'historien J.-L. Roy, elle regroupe 184 chambres locales. Plus diverse et plus large que l'API, elle partage avec cette dernière le projet de promouvoir les intérêts des hommes d'affaires et, en même temps, d'améliorer leurs compétences. Les congrès de la Chambre s'intéressent à une foule de questions: économiques, comme le «défi industriel du Québec», le tourisme, l'inflation ou le libre-échange, mais aussi politiques et sociales. «Éducation, un placement?», tel est le thème, éloquemment formulé, du congrès de 1948. Cette préoccupation ne fait que s'accentuer par la suite et la Chambre se joint au concert de critiques à l'endroit de ce que Duplessis persiste à désigner comme «le meilleur système d'éducation au monde». Au sujet des relations fédérales-provinciales, la Chambre penche du côté de l'autonomie provinciale. Étant donné le nouveau rôle qu'elle confie de plus en plus au gouvernement provincial, il ne faut pas laisser le gouvernement central accaparer les ressources fiscales. À Montréal, les marchands et les industriels qui fréquentent la Chambre de commerce se sensibilisent graduellement à un discours non seulement néolibéral mais aussi néonational.

En fin de compte, même si ses préoccupations sont davantage économiques que sociales, une partie du monde patronal entend, elle aussi, renouveler la fonction de l'État québécois, le nouvel instrument de son développement. Le vieux libéralisme a vécu.

Entre l'indépendance et le fédéralisme renouvelé

À la fin des années cinquante, émanant de milieux divers, une société neuve se dessine, «moderne», dira-t-on, ... comme on l'a dit au début du siècle. L'État québécois reçoit des attributions majeures: il devra s'occuper de la santé et de la famille, de l'habitation, de l'enfance et de la vieillesse, de l'éducation et de la culture, des relations de travail et de la planification du développement économique. Tous les critiques du duplessisme sont bien loin de s'entendre sur le contenu des politiques à élaborer, mais tous sont d'accord pour confier ces responsabilités à l'État.

«C'est le temps que ça change!» Avec ce slogan, le Parti libéral de Jean Lesage amorce en 1960 la Révolution tranquille. Le projet néolibéral s'installe et la société se sécularise rapidement. L'éducation connaît des transformations majeures: d'abord, on remet sur pied un ministère de l'Éducation — plus de cent ans après l'abolition du premier; puis le nouveau ministre Paul Gérin-Lajoie crée la commission Parent pour enquêter et proposer une réforme globale de l'éducation. Le nouveau ministre des Affaires culturelles, Georges-Émile Lapalme, inaugure l'Office de la langue française. Un programme d'assurance-hospitalisation et un Régime des rentes sont mis en vigueur. René Lévesque convainc les électeurs des vertus de la nationalisation de l'électricité. Aux côtés d'Hydro-Québec s'installent de nombreuses sociétés d'État, la Caisse de dépôt et placement, ainsi qu'un organisme de planification et de développement économique.

Ce réaménagement — dont nous venons d'évoquer seulement quelques exemples — modifie profondément les places et rôles des acteurs sociaux. On évoque souvent la montée d'une nouvelle classe moyenne canadienne-française, fière de ses connaissances et de ses compétences, et ravie de supplanter les anciennes élites. Certains l'appellent technocratique, car elle comporte les nouveaux gestionnaires des services gouvernementaux (qui grossissent à vue d'œil), des sociétés d'État et de l'ensemble du domaine éducatif et social où ils marginalisent les gens d'Église. On y associe aussi le monde de la culture et des communications. La Révolution tranquille favorise aussi le mouvement syndical qui obtient d'abord une réforme du Code du travail, le droit à la syndicalisation et à la grève dans les services publics. Le syndicalisme prend un essor sans précédent. Le militantisme s'accroît, notamment à partir de la deuxième moitié des années soixante, alors que la collaboration entre le gouvernement et les centrales syndicales fait place à la confrontation. Le discours des leaders change. Si la FTQ reste fidèle au Nouveau Parti démocratique (ex-Parti CCF) et, plus tard, au Parti québécois, la CSN et la Centrale des enseignants du Québec multiplient les textes à saveur socialiste. L'adhésion à ce dernier discours émane sans doute essentiellement des dirigeants, néanmoins, les centrales syndicales augmentent leur influence sur l'ensemble de la société québécoise. Elles sont devenues des «partenaires sociaux».

Un autre partenaire, c'est maintenant, bien sûr, le monde des affaires, un monde où les francophones s'affirment de plus en plus. Parmi les multiples facteurs qui expliquent cette floraison, il faut certainement compter l'intervention de l'État, notamment l'aide au financement et les politiques d'achat. Comme durant les décennies antérieures, mais avec encore plus de vigueur, les gens d'affaires se rassemblent dans de nombreuses associations. Aux côtés des chambres de commerce, le Centre des dirigeants d'entreprise joue un rôle important. À partir de 1969, sans remplacer les autres regroupements, le Conseil du patronat s'impose comme porte-parole de la communauté d'affaires et diffuse un discours axé sur la concertation entre patrons, syndicats et gouvernements.

En dépit d'un large consensus autour du néolibéralisme, les débats sociaux sont encore vifs. Tout va trop vite ou tout va trop lentement. Néanmoins, de réforme en réforme, la société est entraînée petit à petit vers une démocratie relativement plus égalitaire. La majorité des Québécois rejettent toutefois les suggestions révolutionnaires de la minorité socialiste. Une question envahit pourtant les débats de société jusqu'à la polarisation: le nouvel État des Québécois

— comme ils se désignent désormais — sera-t-il un État national?

Portés par la ferveur nationale, les libéraux de Lesage réclament d'Ottawa le respect et même l'élargissement des juridictions provinciales, ainsi qu'un meilleur partage de l'assiette fiscale. Il faut bien détenir les instruments de ses politiques. «Maîtres chez nous», clament-ils. Préconisant un statut particulier pour le Québec et même une visibilité sur la scène internationale, l'Union nationale de Daniel Johnson affiche un slogan un peu plus perturbateur: «Égalité ou indépendance».

C'est ailleurs, cependant, que s'enracine le mouvement indépendantiste. Les tendances sont diverses: des petits groupes, comme les traditionalistes de L'Alliance laurentienne ou, à l'autre extrême, l'Action socialiste pour l'indépendance du Québec; mais aussi des associations plus structurées, comme les créditistes du Ralliement national ou le socialisant Rassemblement pour l'indépendance nationale. Ce dernier mouvement est particulièrement influencé par les intellectuels de la revue *Parti pris* qui optent à la fois pour l'indépendance du Québec — un peuple colonisé, soutiennent-ils —, assortie d'un socialisme d'inspiration marxiste. Doit-on se séparer pour implanter plus facilement le socialisme? Ou l'inverse? Cette priorité soulève bien des discussions chez les partipristes, tout comme l'éventuel recours à la violence.

Par contre, une voie d'accès démocratique à l'indépendance se présente bientôt pour la grande majorité non socialiste et non violente. En quittant le Parti libéral pour fonder le Mouvement souveraineté-association, en 1967, et le Parti québécois, l'année suivante, René Lévesque rassemble, en effet, le gros des forces indépendantistes, avec un programme d'orientation social-démocrate.

Comment conjurer cette menace? Trois «colombes», peut-être plus belliqueuses que pacifistes, s'envolent pour Ottawa dès 1965: P. E. Trudeau, G. Pelletier et J. Marchand entendent démontrer que l'intérêt des Québécois passe par la scène pancanadienne plutôt que par le renforcement de l'État provincial. Les fédéralistes à la Trudeau refusent tout statut particulier pour le Québec, «province comme les autres»; ils imposent le bilinguisme dans les institutions fédérales et l'augmentation de l'effectif canadien-français dans la fonction publique canadienne. Le *French Power* s'accompagne aussi d'une centralisation accrue de la Confédération canadienne.

Deux leaders charismatiques comme Trudeau et Lévesque cristallisent les débats constitutionnels qui divisent depuis la fin des années soixante les Québécois de toutes origines sociales ou ethniques. Il se pourrait bien, malgré tout, que la majorité d'entre eux soient plus à l'aise avec un projet mitoyen proposé par un porte-parole moins flamboyant comme Robert Bourassa, premier ministre et chef du Parti libéral du Québec.

Les indépendantistes ont l'occasion, lors du référendum de 1980, de compter leurs forces: 40 %. Pourtant, ils n'ont pas le monopole du nationalisme au Québec. Les fédéralistes sont partagés entre nationalistes canadiens (notamment la majorité des Québécois anglophones), d'une part, et nationalistes québécois, d'autre part. Il y a manifestement deux patries: la canadienne et la québécoise.

Depuis Lesage, tous les gouvernements québécois s'opposent à la centralisation fédérale et cherchent à préserver et à développer les caractéristiques d'un État qui, sans rompre le lien fédéral, joue le rôle d'un État national. Pour tous les gouvernements, le français, langue officielle du Québec, requiert une protection législative. Le Parti libéral impose les écoles françaises aux immigrants; le Parti québécois pousse plus loin en faisant prévaloir le français au travail, dans la vie professionnelle et même dans l'affichage public. Ce dossier attise la colère de plusieurs Québécois anglophones et allophones. L'incompréhension, sinon l'intolérance mutuelle entre Québécois d'origines diverses, n'est que trop fréquente.

Pour le Parti libéral du Québec et ses nombreux adeptes, les risques matériels de l'indépendance sont inutiles, si l'on peut, dans le cadre d'un fédéralisme renouvelé et rentable, conserver la souveraineté culturelle et la société distincte des Québécois. En 1971, Robert Bourassa s'oppose au projet de rapatriement de la constitution canadienne, estimant que la formule de Victoria ne garantit pas suffisamment les droits du Québec. En 1982, tant le Parti libéral de Claude Ryan et de R. Bourassa que le Parti québécois de R. Lévesque refusent le rapatriement unilatéral de cette constitution, organisé par P. E. Trudeau et Jean Chrétien, avec l'appui du Canada anglais. Depuis lors, le fédéralisme renouvelé continue d'aller d'échec en échec, du lac Meech à Charlottetown, en 1992. Le projet indépendantiste s'en trouve sans doute revitalisé. Pourtant, ce qui ressort de ces inlassables luttes constitutionnelles, c'est que, dans les années 1980, le Parti québécois et le Parti libéral ont beaucoup en commun: un projet de société similaire, néolibéral et de moins en moins social-démocrate, et l'expérience d'un même rejet des deux formes de nationalisme québécois qu'ils préconisent respectivement — fédéraliste ou indépendantiste — par le reste du Canada dont le nationalisme *canadian* s'affirme de plus en plus.

Une histoire à suivre et dont le développement s'inscrira dans un nouveau contexte, tant économique qu'idéologique. Si, dans les années 1960 et 1970, les diverses versions du nationalisme québécois étaient majoritairement liées au néolibéralisme, ce consensus semble s'effriter dans les années 1980. Comme dans plusieurs sociétés occidentales, le socialisme se meurt, alors que le vieux libéralisme semble renaître: il faut retourner à l'entreprise privée, dit-on, réduire la taille de l'État et, en particulier, son déficit, ce qui conduit de plus en plus à remettre en question l'universalité des programmes sociaux et à vouloir en diminuer la qualité. Par ailleurs, l'individualisme narcissique se développe, axé sur la vie privée et le bien-être physique, sans projet collectif.

Même le féminisme, phénomène si important des décennies antérieures, ne semble plus séduire les jeunes.

Pour l'égalité des hommes et des femmes

En veilleuse depuis la Deuxième Guerre mondiale, alors que ne subsistent que des associations féminines traditionalistes comme les Cercles de fermières, le féminisme s'épanouit comme jamais auparavant à partir de la deuxième moitié des années soixante. Sans doute la place nouvelle des femmes dans la société a-t-elle permis cet essor. Même sous Duplessis, les femmes se dégagent peu à peu des normes traditionnelles. Elles étudient davantage, elles travaillent — et pas seulement à la maison —, elles sont syndiquées et militantes, elles écrivent, elles font encore du bénévolat et, bientôt, elles feront moins d'enfants. On leur propose toujours le modèle de la maîtresse de maison «dépareillée». Individuellement sans doute, plutôt que collectivement, plusieurs y surimposent, au tournant des années 1960, celui de la «superfemme», celle qui conjugue tout: un métier ou une profession à l'extérieur, l'entretien d'un foyer chaleureux et quelques enfants bien éduqués!

Durant les décennies 1960 et 1970, ces transformations s'accentuent considérablement. La loi 16 en 1964 lève enfin les inégalités juridiques qui pesaient sur les femmes mariées. Les filles profitent d'une éducation plus accessible à tous les niveaux, mixte et semblable à celle que reçoivent les garçons. Malgré les condamnations de l'Église catholique, la contraception se généralise, et les femmes peuvent désormais n'avoir que les enfants qu'elles désirent. Même mariées, elles envahissent le marché du travail et le monde syndical, elles s'insèrent aussi dans le milieu des affaires et dans celui de la politique.

À partir du milieu des années soixante, elles se mettent également à exiger la reconnaissance de leurs droits. Créée en 1966, la Fédération des femmes du

Québec se propose comme leur porte-parole collectif: parité salariale, garderies, congés de maternité figurent parmi les principales revendications. En 1970, la publication du rapport de la Commission d'enquête sur la condition des femmes révèle les injustices flagrantes que subissent les femmes au Canada. Le rapport Bird réclame une réelle égalité entre les hommes et les femmes; l'indépendance économique paraissant un moyen essentiel pour ce faire, les commissaires revendiquent l'égalité au travail, notamment sur les chèques de paie, et le partage équitable des responsabilités parentales. Quelques mesures ne suscitent pas l'unanimité, comme le droit à l'avortement et la modification des lois sur le divorce. Au Québec, le Conseil du statut de la femme reçoit, à partir de 1973, la mission de conseiller le gouvernement dans les dossiers relatifs à la condition féminine.

Les femmes endossent de plus en plus ce féminisme d'orientation réformiste qui s'allie facilement avec le néolibéralisme dominant. Par ailleurs, les féministes peuvent aussi être nationalistes et, comme les hommes, elles se partagent entre fédéralistes et indépendantistes. Touchant à la fois le privé et le public, la révolution féminine, axée sur les principes d'égalité et d'autonomie, a transformé en profondeur la société québécoise.

Durant les années 1970, cependant, une partie des féministes exigent davantage. Le féminisme radical, d'origine américaine, s'installe, notamment dans les universités. Il y a, bien sûr, des degrés dans ce radicalisme qui part du constat — indéniable, d'ailleurs — de l'insuffisance de l'égalité réelle. Pour les radicales, les victoires antérieures remportées par les féministes réformistes ne sont au mieux que des demi-victoires. Et certaines se mettent à traquer partout la domination des hommes sur les femmes, dont, il faut bien le reconnaître, les manifestations ne sont pas difficiles à trouver. Mais, lorsque quelques-unes proposent d'abolir le «lieu d'exploitation» que constitue la famille, la plupart des femmes préfèrent aménager la famille autrement. Certaines féministes déclarent la guerre aux hommes, tous plus ou moins sexistes ou phallocrates, ... et aux femmes qui ne sont pas d'accord avec leur type de féminisme. Elles militent aussi dans les groupes socialistes ou marxistes où elles tentent de faire voir à leurs collègues masculins qu'il ne peut y avoir de libération sociale sans libération des femmes. Il en va pourtant du féminisme radical comme du socialo-marxisme: les deux mouvements sont nettement minoritaires, ce qui ne signifie pas sans influence. La société récupère de leurs excès un peu plus d'égalité.

Conclusion

On a longtemps cru que le Québec dit moderne commençait avec la Révolution tranquille, et l'on associait à cette modernité une pensée libérale qui, enfin (ou, malheureusement, si l'on était socialiste) pouvait s'épanouir au Québec comme dans le reste du monde occidental. Or, les recherches récentes des historiens et des historiennes ont infirmé cette vision des choses.

Les idées libérales sont présentes dans la société québécoise depuis la fin du XVIIIe siècle; elles s'enracinent au fur et à mesure que l'on avance dans le siècle suivant et elles dominent au XXe siècle. Contre l'aristocratie, les bourgeois et petits bourgeois — francophones et anglophones — ont imposé leur conception du monde et défini leurs valeurs fondamentales comme étant la liberté, la sécurité et, surtout, la propriété privée. Comme ailleurs en Occident, l'égalité, autre valeur libérale, a mis plus de temps à s'inscrire dans la réalité sociale. Progressivement, après de vives luttes, la démocratie s'est étendue: les non-propriétaires ont été reconnus comme citoyens ayant droit de vote, ensuite les femmes ont obtenu des droits politiques et sociaux. Notons bien que, si l'égalité est maintenant une valeur largement reconnue, cela signifie que tous les Québécois et Québécoises ont les mêmes droits, et non pas qu'ils sont tous concrètement égaux ou traités également. Par exemple, il est devenu rare de prétendre que les femmes sont inférieures aux hommes, mais elles ne jouissent pas encore totalement d'un statut égal. Et que dire des Amérindiens, «oubliés» dans le présent livre, comme ils l'étaient dans l'historiographie, sinon dans l'histoire...

Parmi les adversaires du libéralisme, l'Église catholique a longtemps occupé au Québec une place de premier rang. En 1926, un membre du clergé écrivait avec beaucoup de perspicacité: «Il faudrait être aveugle pour ne pas voir que la femme sera la grande force nouvelle du XXe siècle. On n'arrêtera pas plus le mouvement féministe qu'on n'a arrêté le mouvement démocratique et le mouvement ouvrier[1].» La deuxième partie de cette prédiction — et peut-être aussi la première — s'est avérée. Sans mésestimer les services rendus par l'Église, il faut reconnaître que l'idéologie cléricale (qui n'est pas la religion) allait à l'encontre de l'émancipation démocratique, ouvrière et féministe.

Les idéologies servent les luttes pour le pouvoir et, sur ce plan, les libéraux ont dû composer avec l'Église, à tel point que l'historiographie a longtemps confondu l'idéologie des uns et celle de l'autre. La différence profonde entre ces deux formes de conservatisme (au sens de la conservation d'un pouvoir établi) réside dans le fait que le libéralisme s'ancre dans l'individualisme, tandis que l'Église met de l'avant des valeurs communautaires. On comprend dès lors que l'Église ait pu intégrer plus facilement que les libéraux l'ingrédient nationaliste dans son système idéologique et, de cette manière, séduire une partie de la petite bourgeoisie canadienne-française.

Par ailleurs, l'individualisme a des racines profondes au Québec, aussi vigoureuses que celles du nationalisme. L'histoire des idéologies au Québec est marquée par la tension entre ces deux composantes, l'individu et la nation, susceptibles d'être intégrées dans des systèmes idéologiques divers. «Désir d'avoir» ou «passion d'être», pour reprendre le titre éloquent d'un ouvrage récent[2], expriment deux besoins également fondamentaux que les Québécois cherchent encore à concilier: la liberté et l'identité. Il importe de ne pas y sacrifier l'égalité.

Notes

Chapitre I

1. J. Hare, *La Pensée socio-politique au Québec, 1784-1812. Analyse sémantique,* Ottawa, Éditions de l'Université d'Ottawa, 1977, p. 23.

2. *La Gazette de Montréal,* 27 décembre 1787, cité par J.-P. Wallot, *Un Québec qui bougeait; trame socio-politique du Québec au tournant du XIXe siècle,* Montréal, Boréal Express, 1973, p. 259.

3. J.-P. Wallot, *op. cit.,* p. 260.

4. *The Quebec Mercury,* 26 février 1810.

5. Mgr Plessis à F.-X. Noiseux, vicaire général à Trois-Rivières, 22 mars 1810, cité par L. Lemieux, *Histoire du catholicisme québécois,* vol. II, t. 1, p. 41.

6. Mgr Plessis, sermon de 1810, cité par F. Ouellet, *Éléments d'histoire sociale du Bas-Canada,* Montréal, Hurtubise HMH, 1972, p. 250.

7. Le curé Saint-Germain, de Saint-Laurent, à Mgr Lartigue, 11 novembre 1834, cité par R. Chabot, *Le Curé de campagne et la contestation locale au Québec de 1791 aux troubles de 1837-1838,* Montréal, Hurtubise HMH, 1975, p. 189-190.

8. Mgr Lartigue, mandement du 8 janvier 1838, reproduit dans *Mandements, lettres pastorales, circulaires et autres documents publiés dans le diocèse de Montréal depuis son érection jusqu'à l'année 1869,* Montréal, Imprimerie Le Nouveau Monde, 1869, vol. 1, p. 24-30.

9. *La Minerve,* 4 avril 1836. Les citations de cette section sont extraites de L. Blanchette-Lessard et N. Daigneault-Saint-Denis, *Groupes sociaux, patriotes et rébellions de 1837-1838. Idéologies et participation,* UQAM, mémoire de maîtrise en histoire, 1975.

10. *La Minerve*, 6 juin 1837.
11. *La Minerve*, 20 mars 1837.
12. *La Minerve*, 19 décembre 1831.
13. *La Minerve*, 11 décembre 1834.

Chapitre 2

1. É. Parent, dans *Le Canadien*, 23 octobre 1839, reproduit dans Jean-Charles Falardeau, dir., *Étienne Parent, 1802-1874*, Montréal, La Presse, 1975, p. 102.
2. R. Rudin, *Banking en français: les banques canadiennes-françaises de 1835 à 1925*, trad., Montréal, Boréal, 1988, 250 p.; G. J. J. Tulchinsky, *The River Barons. Montreal Businessmen and the Growth of Industry of Transportation, 1837-1853*, Toronto, University of Toronto Press, 1977, 310 p.; B. Young, *George-Étienne Cartier, bourgeois montréalais*, trad., Montréal, Boréal Express, 1982, 243 p.
3. *Le Nouveau Monde*, 12 septembre 1867, cité par Nadia F.-Eid, *Le Clergé et le pouvoir politique au Québec, une analyse de l'idéologie ultramontaine au milieu du XIXe siècle*, Montréal, Hurtubise HMH, 1978, p. 111.
4. Cité par N. F.-Eid, *op. cit.*, p. 112.
5. *Les Mélanges religieux*, 19 janvier 1844, cité par Denise Lemieux, «Les Mélanges religieux, 1841-1852», dans Fernand Dumont dir., *et al.*, *Idéologies au Canada français, 1850-1900*, Québec, Presses de l'Université Laval, 1971: 79.
6. *Les Mélanges religieux*, 14 mai 1847, cité par Denise Lemieux, *loc. cit.*, p. 80.
7. *Le Nouveau Monde*, 30 août 1869, cité par N. F.-Eid, *op. cit.*, p. 205.
8. *L'Avenir*, 5 août 1848, cité par Jean-Paul Bernard, *Les Rouges. Libéralisme, nationalisme et anticléricalisme au milieu du XIXe siècle*, Montréal, Les Presses de l'Université du Québec, 1971, p. 49.
9. «Manifeste électoral de Jean-Baptiste-Éric Dorion aux électeurs du comté de Champlain pour les élections de 1851», reproduit dans J.-P. Bernard, *op. cit.*, p. 341-374.

Chapitre 3

1. H. Mercier, discours prononcé le 22 novembre 1885, reproduit dans J.-O. Pelland, *Biographie, discours, conférences, etc., de l'Hon. Honoré Mercier*, Montréal, s.é., 1890, p. 328-383.

2. J.-P. Tardivel, *La Vérité*, 2 novembre 1889, cité par Réal Bélanger, «Le nationalisme ultramontain: le cas de Jules-Paul Tardivel», dans Nive Voisine et Jean Hamelin, dir., *Les Ultramontains canadiens-français*, Montréal, Boréal Express, 1985, p. 285.

3. René Hardy, *Les Zouaves. Une stratégie du clergé québécois au XIXe siècle*, Montréal, Boréal Express, 1980, 312 p.

4. Cité par N. F.-Eid, «Les ultramontains et le programme catholique», dans Nive Voisine et Jean Hamelin, dir., *op. cit.*, p. 168.

5. Sir Wilfrid Laurier, *Discours à l'étranger et au Canada*, Montréal, Beauchemin, 1909, p. 104.

6. *Le Moniteur du commerce*, «Les Chevaliers du travail», 13 janvier 1888, p. 633.

7. *Le Moniteur du commerce*, «Pourquoi y en a-t-il qui réussissent mieux que d'autres?», 15 mai 1896, p. 692.

8. *Le Moniteur du commerce*, «L'esprit d'entreprise», 8 novembre 1899, p. 446.

9. A.-B. Routhier, *Causeries du dimanche*, 1871, cité par N. F.-Eid, *Le Clergé et le pouvoir politique au Québec: une analyse de l'idéologie ultramontaine au milieu du XIXe siècle*, Montréal, HMH, 1978, p. 236.

10. Gabriel Dussault, *Le Curé Labelle. Messianisme, utopie et colonisation au Québec, 1850-1900*, Montréal, Hurtubise HMH, 1983, 387 p.

11. *Le Moniteur du commerce*, «La réforme de l'instruction publique», 19 août 1892, p. 57-58.

Chapitre 4

1. *Le Moniteur du commerce*, «La situation», 26 octobre 1906, p. 594.

2. L. Gouin, en 1919, cité par P.-A. Linteau, *et al*, *Histoire du Québec contemporain*, 2e éd., Montréal, Boréal, 1989, vol. 1, p. 696.

3. *Le Canada*, 13 août 1907, cité par R. R. Heintzman, *The Struggle for Life: the French Daily Press of Montreal and the Problem of Economic Growth in the Age of Laurier*, thèse de Ph. D. (histoire), York University, 1977, p. 648-649.

4. *Le Moniteur du commerce*, «À nos jeunes commis», 4 novembre 1904, p. 618.

5. Mgr Paquet, 1902, reproduit dans Y. Lamonde, dir. *Louis-Adolphe Paquet*, Montréal, Fides, 1972, p. 56-60.

6. Abbé E. Hébert, *Le Problème social et sa solution*, Montréal, École sociale populaire, 1919, p. 12; cité par Jean Hamelin et Nicole Gagnon, *Histoire du catholicisme québécois. Le XXe siècle*, Montréal, Boréal Express, 1984, vol. 1, p. 285.

7. *Écho paroissial*, (Sacré-Coeur du Bassin, Chicoutimi), juillet 1914, cité par Gérard Bouchard, «Les prêtres, les capitalistes et les ouvriers à Chicoutimi, 1896-1930», *Mouvement social*, 112 (juil.-sept. 1980), p. 17.

8. Mgr Bruchési, cité par Jean Hamelin et Nicole Gagnon, *op. cit.*, vol. 1, p. 326.

9. C. Berger, *The Sense of Power; Studies in the Ideas of Canadian Imperialism, 1867-1914*, Toronto, University of Toronto Press, 1970, 277 p.

10. Henri Bourassa, en 1904, cité par P.-A. Linteau, *et al.*, *op. cit.*, vol. 1, p. 704.

Chapitre 5

1. J. Dorion, en 1920, cité par D. Smith, «L'Action française, 1917-1921», dans F. Dumont, dir., *et al.*, *Idéologies au Canada français, 1900-1929*, Québec, Presses de l'Université Laval, 1974, p. 357.

2. L.-A. Taschereau, cité par Yves Roby, *Les Québécois et les investissements américains (1918-1929)*, Québec, Presses de l'Université Laval, 1976, p. 210.

3. Henri Bourassa, *La Crise, trois remèdes: tempérance, justice, charité*, Québec, L'Action sociale, 1932, 12 p.

4. Esdras Minville, *Comment établir l'organisation corporative au Canada*, 1936, cité par André-J. Bélanger, *L'Apolitisme des idéologies québécoises. Le grand tournant de 1934-1936*, Québec, Presses de l'Université Laval, 1974, p. 318.

5. André Laurendeau, en 1935, cité par André-J. Bélanger, *op. cit.*, p. 287.

6. *Premier rapport de la Commission des droits civils de la femme*, 1930, cité par Jennifer Stoddart, «Quand des gens de robe se penchent sur les droits des femmes: le cas de la commission Dorion, 1929-1931», dans M. Lavigne et Y. Pinard, *dir.*, *Travailleuses et féministes. Les femmes dans la société québécoise*, Montréal, Boréal Express, 1983, p. 326.

7. *Le Devoir*, 6 juin 1932, cité par Claude Larivière, *Crise économique et contrôle social: le cas de Montréal (1929-*

1937), Montréal, Éditions coopératives Albert St-Martin, 1977, p. 244.

8. *La Presse*, «Socialisme d'État», 21 février 1934, cité par Claude Couture, *Le Mythe de la modernisation du Québec. Des années 1930 à la Révolution tranquille*, Montréal, Éditions du Méridien, 1991, p. 97.

9. É. Montpetit, en 1931, cité par Peter Southam, «La pensée sociale d'Édouard Montpetit», dans F. Dumont dir. et al., *Idéologies au Canada français, 1930-1939*, Québec, Presses de l'Université Laval, 1978, p. 339-340.

Chapitre 6

1. A. Laurendeau, 1948, cité par P.-A. Linteau, *et al., Histoire du Québec contemporain*, Montréal, Boréal, 1989, vol. 2, p. 356.

2. G. Pelletier, 1944, cité par J. Hamelin, *Histoire du catholicisme québécois. Le XXe siècle*, Montréal, Boréal Express, 1984, vol. 2, p. 81.

3. J. Désy, 1954, cité par Marcel Fournier, *L'Entrée dans la modernité. Science, culture et société au Québec*, Montréal, Éditions Saint-Martin, 1986, p. 35.

4. F. Dumont, 1958, cité par André-J. Bélanger, *Ruptures et constantes. Quatre idéologies du Québec en éclatement: la Relève, la JÉC, Cité libre, Parti pris*, Montréal, Hurtubise HMH, 1977, p. 117.

5. API, *Mémoire annuel au gouvernement de la province de Québec*, 1956, cité par Jean-Louis Roy, *La Marche des Québécois. Le temps des ruptures (1945-1960)*, Montréal, Leméac, 1976, p. 173.

6. Cité par Jean-Louis Roy, *op. cit.*, p. 174.

Conclusion

1. Ceslas Forest, *La Revue dominicaine*, juillet-août 1926, cité par J. Hamelin et N. Gagnon, *Histoire du catholicisme québécois. Le XXe siècle*, Montréal, Boréal Express, 1984, vol. 1, p. 330-331. Bien sûr, le propos du père Forest s'orientait alors dans un tout autre sens que le mien.

2. Louis Sabourin, *Passion d'être, désir d'avoir. Le dilemme Québec-Canada dans un univers en mutation*, Montréal, Boréal, 1992, 215 p.

Bibliographie

Note: La majorité des ouvrages qui suivent ont été écrits alors que la croyance au monolithisme idéologique de la société québécoise — et donc l'absence de libéralisme — entre 1867 et 1945, voire 1960, était largement répandue. Comme aux auteurs cités dans les notes, je leur ai beaucoup emprunté, tout en proposant souvent une lecture différente.

BALTHAZAR, Louis, *Bilan du nationalisme au Québec*, Montréal, L'Hexagone, 1986, 212 p. (Politique et société)

BEHIELS, Michael D., *Prelude to Quebec's Quiet Revolution. Liberalism versus Neo-Nationalism, 1945-1960*, Montréal et Kingston, McGill-Queens's University Press, 1985, 366 p.

BÉLANGER, André-J., *L'Apolitisme des idéologies québécoises. Le grand tournant de 1934-1936*, Québec, Presses de l'Université Laval, 1974, 392 p.

BÉLANGER, André-J., *Ruptures et constantes. Quatre idéologies du Québec en éclatement: la Relève, la JÉC, Cité libre, Parti pris*, Montréal, Hurtubise HMH, 1977, 219 p. (Sciences de l'homme et humanisme, 8)

BERGER, Carl, *The Sense of Power; Studies in the Ideas of Canadian Imperialism, 1867-1914*, Toronto, University of Toronto Press, 1970, 277 p.

BERNARD, Jean-Paul, *Les Rouges. Libéralisme, nationalisme et anticléricalisme au milieu du XIXᵉ siècle,* Montréal, Presses de l'Université du Québec, 1971, 394 p.

DUMONT, Fernand, dir., *et al., Idéologies au Canada français, 1850-1900,* Québec, Presses de l'Université Laval, 1971, 327 p.

DUMONT, Fernand, dir., *et al., Idéologies au Canada français, 1900-1929,* Québec, Presses de l'Université Laval, 1974, 377 p.

DUMONT, Fernand, dir., *et al., Idéologies au Canada français, 1930-1939,* Québec, Presses de l'Université Laval, 1978, 361 p.

DUMONT, Fernand, dir., *et al., Idéologies au Canada français, 1940-1976,* Québec, Presses de l'Université Laval, 1981, 3 v.

EID, Nadia F.-, *Le Clergé et le pouvoir politique au Québec: une analyse de l'idéologie ultramontaine au milieu du XIXᵉ siècle,* Montréal, HMH, 1978, 318 p. (Cahiers du Québec, histoire)

FOURNIER, Marcel, *L'Entrée dans la modernité: science, culture et société au Québec,* Montréal, Éditions Albert Saint-Martin, 1986, 239 p.

HAMELIN Jean et Nicole GAGNON, *Histoire du catholicisme québécois. Le XXᵉ siècle,* Montréal, Boréal Express, 1984, 2 v.

LAVIGNE, Marie et Yolande PINARD, *Travailleuses et féministes. Les femmes dans la société québécoise,* Montréal, Boréal Express, 1983, 432 p.

LÉVESQUE, Andrée, *Virage à gauche interdit. Les communistes, les socialistes et leurs ennemis au Québec, 1929-1939,* Montréal, Boréal Express, 1984, 186 p.

LEVITT, Joseph, *Henri Bourassa and the Golden Calf; the Social Program of the Nationalists of Quebec, 1900-1914,* Ottawa, Éditions de l'Université d'Ottawa, 1969, ix-178 p.

LINTEAU, P.-A., *et al., Histoire du Québec contemporain,* nouv. édition révisée, Montréal, Boréal, 1989, 2 v.

MCROBERTS, Kenneth et Dale POSTGATE, *Développement et modernisation du Québec,* trad., Montréal, Boréal Express, 1983.

MONET, Jacques, *The Last Cannon Shot; a Study of French-Canadian Nationalism, 1837-1850,* Toronto, University of Toronto Press, 1969, 422 p.

OUELLET, Fernand, *Le Bas-Canada, 1791-1840 - Changements structuraux et crise,* Ottawa, Éditions de l'Université d'Ottawa, 1976, 2ᵉ éd. 1980, 541 p. (Cahiers d'histoire de l'Université d'Ottawa, 6)

ROBY, Yves, *Les Québécois et les investissements américains (1918-1929),* Québec, Presses de l'Université Laval, 1976, 250 p.

ROY, Fernande, *Progrès, harmonie, liberté. Le libéralisme des milieux d'affaires à Montréal au tournant du siècle,* Montréal, Boréal, 1988, 301 p.

RYAN, William F., *The Clergy and Economic Growth in Quebec, 1896-1914,* Québec, Presses de l'Université Laval, 1966, 348 p.

SYLVAIN, Philippe, «Libéralisme et ultramontanisme au Canada français: affrontement idéologique et doctrinal (1840-1865)», in W. L. Morton, dir., *Le Bouclier d'Achille. Regards sur le Canada de l'ère victorienne,* Toronto, McClelland et Stewart, 1968: 111-138 et 220-255.

TROFIMENKOFF, Susan Mann, *Action française: French Canadian Nationalism in the Twenties,* Toronto, University of Toronto Press, 1975, 157 p.

VOISINE, Nive et Jean HAMELIN, dir., *Les Ultramontains canadiens-français,* Montréal, Boréal Express, 1985, 347 p.

WALLOT, Jean-Pierre, *Un Québec qui bougeait: trame socio-politique du Québec au tournant du XIXᵉ siècle,* Trois-Rivières, Boréal Express, 1973, 345 p.

Typographie et mise en pages :
Les Éditions du Boréal

Achevé d'imprimer en août 1995 chez

à Boucherville, Québec